国家双高“铁道机车专业群”系列　活页工作手册式立体化教材
——列车运维岗位职业特质培养教材

轨道交通人因事故案例分析

主　编◎赵　慧　牛　可　李江涛
副主编◎陈奎元　张　嘉　刘文博

西南交通大学出版社
·成 都·

图书在版编目（CIP）数据

轨道交通人因事故案例分析 / 赵慧，牛可，李江涛主编.
—成都：西南交通大学出版社，2023.7
ISBN 978-7-5643-9337-3

Ⅰ. ①轨… Ⅱ. ①赵… ②牛… ③李… Ⅲ. ①城市铁路－轨道交通－人为失误－交通事故－案例－研究Ⅳ. ①U239.5

中国国家版本馆 CIP 数据核字（2023）第 104767 号

guidao jiaotong ren yin shigu anli fenxi

轨道交通人因事故案例分析

主编 赵 慧 牛 可 李江涛

责任编辑 张华敏
特邀编辑 杨开春 陈正余
封面设计 何东琳设计工作室

出版发行 西南交通大学出版社
（四川省成都市金牛区二环路北一段 111 号
西南交通大学创新大厦 21 楼）
邮政编码 610031
发行部电话 028-87600564 028-87600533
网址 http://www.xnjdcbs.com
印刷 四川森林印务有限责任公司

成品尺寸 185 mm × 260 mm
印张 11.75
字数 247 千
版次 2023 年 7 月第 1 版
印次 2023 年 7 月第 1 次
定价 36.00 元
书号 ISBN 978-7-5643-9337-3

课件咨询电话：028-81435775
图书如有印装质量问题 本社负责退换

前言

在现代经济社会发展中，轨道交通是新型城镇化和城市化地区高质量发展的命脉。只有高度重视轨道交通发展，我国的交通强国战略和交通运输现代化建设才有可能顺利推进。轨道交通要以提高整个交通运输系统的发展水平和质量以及管理和服务水平为切入点，依托轨道交通增强我国的交通供给能力，提高安全保障性，实现创新发展。

“安全第一”是人类社会一切活动的最高准则。党的二十大报告中提出：“坚持安全第一、预防为主，建立大安全大应急框架，完善公共安全体系，推动公共安全治理模式向事前预防转型。推进安全生产风险专项整治，加强重点行业、重点领域安全监管。提高防灾减灾救灾和重大突发公共事件处置保障能力。”

随着科学技术的不断发展，轨道交通运输能力日益提高，而轨道交通一旦发生意外，后果往往很严重，同时也会在公众中产生巨大影响。安全事故是强迫人们必须接受的最真实、最现实和最残酷的“科学实验”，它带给人们深刻的教训，蕴藏着丰富的经验。所以我们必须要真实地了解事故的全貌，才能从事故中总结出经验和教训，发现事故的规律性，用以指导今后的安全工作。在轨道交通领域，一旦出现应急故障和突发事件，人往往是保证安全的最后一道防线。在这里，人为因素既包括影响行车安全的个体因素，又包括影响行车安全的群体配合因素。

目前我国轨道交通领域尚未有专门针对人为因素进行事故案例分析的相关教材，因此，郑州铁路职业技术学院铁道机车专业群的骨干教师们在积累了多年教学经验的基础上，不断探索并结合行业趋势和实际需求，编写了本教材。

本教材共包括八个项目和一个实训：项目一“事故基础知识”，主要介绍了事故的基本概念、规定、分类、事故致因理论；项目二“轨道交通人因事故”，主要介绍了人为因素的相关定义，轨道交通人因事故的形成以及人因事故的分类和可靠性分析；项目三“信息沟通交流事故分析”，主要介绍了信息沟通交通的概念，引入了五个案例从人的沟通交流能力和原因进行事故分析与总结；项目四“情景意识与决策事故分析”，主要讲述了情景意识的概念和影响因素，并引入五个实际案例从人的情景意识方面进行分析，总结事故经验，吸取教训；项目五“基于领导力事故分析”，主要从领导力概念和分类入手，引入了五个实际案例来分析轨道交通领域领导力的表现及作用，从而吸取经验，避免事故发生；项目六“基于自我管理事故分析”，主要介绍了自我管理的概念，从五个实际案例着手进行分析，研究事故发生的原因，寻找事故发生的规律，总结经验教训；项目七“轨道交通人因事故预防”，讲述了事故预防理论、基本原则，铁路事故的判定与处罚，脱轨事故预防措施；项目八“人因事故调查报告书与事故档案”，主要介绍了人因事故案例的撰写内容与要求，事故档案与管理；实训以“7·23”甬温线特别重大铁路交通事故为例进行案例分析，以增强学生的安全意识，提高预防事故的能力。

本教材由郑州铁路职业技术学院铁道机车专业群骨干教师赵慧、牛可和郑州地铁集团有限公司李江涛主编，郑州铁路职业技术学院教师陈奎元、张嘉、刘文博任副主编，参加编写的还有郑州铁路职业技术学院教师杨鲜鲜、高天。具体编写分工如下：赵慧编写项目一和项目三，牛可编写项目六，李江涛编写项目五，陈奎元编写项目八，张嘉编写项目四和项目九，刘文博编写项目七，杨鲜鲜编写项目二，高天负责本书中的图表制作和校核。

由于编者水平有限，书中难免存在疏漏和不足之处，希望各位读者给予批评指正。

编　者

2023 年 4 月

目录

上篇　理论篇

下篇　实训篇

上篇

理论篇

项目一　事故基础知识

无危则安，无损则全，安全是生产企业永恒的话题，对于轨道交通行业尤为如此。德国人帕布斯·海恩（另译：帕布斯·海因里希）曾经提出著名的海恩法则：每一起重大的安全事故背后都有29个事故征兆，每个事故征兆背后都有300个事故苗头，每个事故苗头背后都有1 000个安全隐患。海恩法则告诉我们：事故案件的发生看似偶然，其实是各种不安全因素积累到一定程度的必然结果。

新时代铁路榜样李向前

任务一　事故的基本概念

一、事故相关术语

与安全事故有关的术语和定义如下（按汉语拼音字母顺序排列）：

1. 安全（safety）

将伤害（对人）或损坏的风险限制在可接受水平的状态。（ISO 8402—94、GB/T 6583—94）

2. 安全性（safety）

不发生不可接受损害风险的可能性。（IEC 62278—2002）

不导致人员伤亡，危害健康及环境，不给设备和财产造成破坏和损伤的能力。（GJB 1405—92）

不发生事故的能力。（GJB 900—90）

3. 差错（error）

计算的、观察的、测量的值或条件与真实的、规定的、理论上的精确值或条件之间的差异。故障产品会引起差错，例如，有故障的计算设备会产生计算差错。（IEC50 (191)—90.GB/T 3187—94）

不符合规定的动作，或违反常规的预期动作，因而导致事故的人为动作。（MIL-HDBK-764(MI)）

4. 防范措施（counter measure）

为消除或减少危险、不安全状态或不安全行为而设计的一切技术、装置或方法。（MIL-HDBK-764(MI)）

5. 风险（risk）

发生引起损害危险的概率及其损害的严重程度。（IEC 62278—2002）

6. 风险评价（risk assessment）

对风险及其有关影响的综合评定。（GJB/Z99—97）

7. 共因失效/故障（common cause failure）

由一个事件引起两个或两个以上部件同时失效/故障，从而导致系统不能实现规定功能的失效/故障。（IEC 62278—2002）

8. 故障（fault）

会引起功能单元降低或丧失完成规定功能（能力）的一种非正常状态。（ISO/IECDIS 2382-14—96）

产品或产品的一部分不能或将不能完成预定功能的事件或状态。对某些产品，如电子元器件、弹药等称为失效。（GJB/Z 91—97）

9. 故障-安全（fail-safe）

当某故障发生时能使产品保持安全或使产品恢复到不产生事故状态的一种设计特性。（GJB/Z 99—97）

10. 故障模式（fault mode）

相对于给定的规定功能，故障产品的一种状态。（IEC60050(191)、GB/T 3187—94）

11. 恢复（restoration）

产品发生故障后其恢复执行规定功能的事件。（ICE60050(191)）

12. 纠正措施（corrective action）

为纠正故障原因或设计缺陷而批准执行并记录的设计、工艺、规程或材料的更改。（MIL-HDBK-764(MI)）

13. 评估（assessment）

通过现场调查、客观事物的核实或事物性质的分析，判定是否符合标准要求的活动。（GJB1405—92）

14. 确认（validation）

通过检验和客观证据来证实专门用途的特殊要求是否得到满足。（IEC 62278—2002）

在正确或职权基础上的支持或确定，即对有效性的认可和在职权上的证明。（MIL-HDBK-764(MI)）

15. 缺陷（defect）

没有满足某个预期的使用要求或合理的期望，包括与安全性有关的要求。（GB/T 6583—94）

产品不满足预期的使用要求或合理期望的一种状态。（GJB 3385—98）

16. 任务剖面（mission profile）

在系统寿命周期各运行阶段内，与任务有关的参数（例如时间、负载、速度、距离、停车和隧道等）的预期范围和变化的概要描述。（IEC 62278—2002）

17. 容许风险（tolerable risk）

轨道交通主管部门可以接受的产品最大等级的风险。（IEC 62278—2002）

18. 审核（audit）

为决定一个产品按技术要求所采取的措施是否符合规定的方案，是否有效执行，是否有利于获得规定的目标而进行的一系列系统而又独立的验证。（IEC 62278—2007）

19. 事故（mishap，accident）

导致死亡、受伤、系统或服务损失，或环境破坏的一个或一系列意外事件。（IEC 62425—2002、GB/T 28809—2012）

造成人员伤亡、职业病、设备损坏、财产损失或环境损害的一个或一系列意外事件。（GJB/Z 99—97）

20. 事件（event）

特定情况的发生。（IEC Guide 73:2002、GB 23694—2009）

21. 失效率/故障率（failure rate）

产品可靠性的一种基本参数。其度量方法为：在规定的条件下和规定的时间内，产品的失效/故障总数与寿命单位总数之比。（GJB 451—90）

22. 失效/故障原因（failure cause）

引起失效/故障的设计、制造或使用阶段的有关事项。（GB/T 3187—94、ICE 60050 (191)）

23. 失误（mistake）

产生非希望结果的人的行为。（GB/T 3187—94）

24. 损伤（damage）

由于部件故障、硬件受热、着火、其他环境影响、人为差错、其他意外事件或条件所引起的硬件部分或全部功能丧失。（MIL-HDBK-764(MI)）

25. 危害性（criticality）

故障模式对任务目标影响的度量，是某一故障模式的发生频度和严重程度的综合指示。（MIL-HDBK-764(MI)）

26. 危险（hazard）

可能导致伤害的潜在根源。（GB/T 16856.1—2008、JSO 14121-1:2007）

可能导致事故的状态。（GJB/Z 99—97）

27. 危险分析（hazard analysis）

这是常用的系统安全分析方法，用于识别产品在每一使用模式中执行其功能的潜在危险，预计这些危险对人员或设备可能造成的损害，并确定消除危险的方法。（GJB/Z 99—97）

28. 系统安全（system safety）

在作战效能、时间和费用的约束下，在系统寿命周期的各阶段，应用工程和管理原则、准则和技术使各方面的安全达到最佳。（GJB/Z 99—97）

在使用效能、时间和费用的约束下，应用系统安全工程与管理原理，在系统的寿命周期中确定危险并降低风险所达到的安全性和健康特性优化程度。（MIL-HDBK-764 (MI)）

29. 系统安全工程（system safety engineering）

这是系统工程的组成部分，它要求有专门知识和技能来应用科学与工程原理、准

则与技术，以便及时地确定、消除或控制危险。(MIL-HDBK-764(MD))

30. 系统安全大纲 (system safety program)

通过在系统全寿命各阶段中，以及时和经济的方式满足系统安全性要求，来提高使用效能的系统安全性管理与系统安全性工程的工作与活动的综合。(MIL-HDBK-764 (MI))

31. 系统寿命周期 (system life cycle)

系统从论证开始到不能再使用而退役或报废的时间内所发生的活动。(IEC 62278—2002)

32. 验证 (verification)

通过检验和客观证据来证实规定的要求是否得到满足。(IEC 62278—2002)

33. 严重故障 (critical-failure)

会引起任务中断、任务失败、人员伤害或设备损伤的故障。(MIL-HDBK-764(MI))

34. 意外事件 (contingency)

有可能演变成事故的异常情况。(MIL-HDBK-764(MI))

二、事故的含义

“事故”一词应用极为普遍，事故现象也屡见不鲜。但是，对于事故的确切定义却很难统一。由于人们所关注的焦点不同，所给出的事故定义也不一样。运动员在训练或竞技中受伤，发生运动事故；工人在生产过程中操作失误，发生生产事故；官员在工作中渎职，发生工作事故；产品质量出现问题，发生质量事故；火车司机驾驶列车超速运行导致车辆脱轨，造成人员伤亡，发生运输生产事故。

美国安全工程师学会 (ASSE) 把事故定义为：“事故是人们在实现其目的的行动过程中，突然发生的，迫使其有目的的行动暂时或永远中断，并有时会造成人身伤亡或设备损毁的一种意外事件。”

按照国际标准 IEC 62425—2002，事故的定义是：“导致死亡、受伤、系统或服务损失，或环境破坏的一个或一系列意外事件。”

按照我国军标 GJB/Z 99—97，事故的定义是：“造成人员伤亡、职业病、设备损坏、财产损失或环境损害的一个或一系列意外事件。”

由上述定义可以看出，“事故”具有以下含义：

(1) 事故是一种发生在人类生产、生活活动中的特殊事件，在任何生产、生活活动过程中都可能发生事故。

（2）事故是突然发生的，由于导致事故发生的原因很复杂，往往包括许多偶然因素，因而事故的发生具有随机性。在事故发生之前，人们无法准确预测何时、何地会发生什么样的事故。

（3）事故会迫使生产、生活活动暂时或永久停止，必然会影响人们的生产和生活，因此，事故是一种违背人们意愿的事件。

（4）在人类活动过程中，由于科技力量的限制或认知的局限，当前还不能完全防止或有效地控制事故的发生与发展。

（5）事故是一种动态事件，它开始于一系列原因事件，按一定的逻辑顺序流经系统而导致损失，造成人员伤亡、职业病、设备损坏、财产损失或环境损害等严重后果。

三、事故的基本特征

在人们活动的过程中（包括日常生活、工作和社会活动等）经常会遇到各种各样大大小小的意外事件，如伤害事故、生产事故、火灾事故、交通事故、中毒事故、淹溺事故、触电事故等。此外还有如洪水、台风、地震、海啸等不可抗拒的自然灾害与事故。这些对人类的安全构成了严重的威胁，危险始终存在于人类生活、劳动或生产过程中，在人类活动的各个方面都有发生事故的可能性。

在生产或劳动过程中发生的事故或与生产过程有关的事故，称为生产事故（包括生产过程中发生的设备事故、火灾事故、交通事故、人身伤害事故、职业中毒事故和所有与生产有关的事故）。

事故也同世界上任何事物一样，具有其特性或规律。只有了解了事故的特性或规律，才能采取有效的措施或方法预防和减少事故及其造成的各项损失。一般来说，事故具有以下四个重要特性或规律。

（一）危害性

现代技术装备向大型化、复杂化、信息化和智能化的方向发展，在创造了无数惊人成就的同时，也导致了重大意外事故的不断发生。从 20 世纪 80 年代苏联切尔诺贝利核泄露事故，到 90 年代日本的核污染事件；从 2008 年 6 月 3 日德国艾舍德小镇发生惨重的列车脱轨事故，到 2011 年 7 月 23 日我国温州市境内发生的动车组列车追尾事故。在世界范围内每年有 400 余万人死于意外事故，其中有 200 余万人死于工伤和职业病，近百万人死于交通事故，造成的经济损失达 GDP 的 5%。意外事故如同“无形的战争”，成为除自然死亡以外威胁人类生产、生活的第一杀手。

根据国际劳工组织的统计，每年全世界发生工业事故约 5 000 万起，造成 130 多万人死亡，同时导致 4 倍于此数值的人受伤致残。因粉尘、毒物和毒气等造成的职业病使社会背上了沉重的包袱。

由以上所列举的数字可以看出，意外事故的危害性极大，关系到国家和人民生命财产的安全，应该格外引起重视。

（二）因果性

事故的因果性是指：一切事故的发生都是有原因的，这些原因就是潜伏的危险因素，这些危险因素主要来自于人的不安全行为、物的不安全状态、环境因素和管理缺陷。这些危险因素在一定的时间和空间内相互作用，导致系统的隐患、故障、偏差和失效，以至于发生事故。事故的因果性表现为继承性，上一阶段的结果可能是下一阶段的起因，下一阶段的原因又可能引起该阶段的结果，最终导致事故的发生。

事故的发生是一些基本原因相互作用的结果。导致事故发生的原因非常复杂，往往是由许多偶然因素造成的，因而事故具有随机性，或称为偶然性。事故发生的时间、空间和严重程度在发生前往往是不确定的。尽管如此，我们仍可以应用各种理论和方法来分析事故，探索事故发生、发展的规律，为事故的预防和控制提供有效的措施和建议。

事故因果性表明事故的原因是多层次的。有的原因与事故直接有关，有的则为间接联系。一般不会是单一的某个原因就可能造成事故，而是诸多不利因素相互作用的结果，因此，不能把事故原因归结为一时一事，而应该在识别危险时，对所有的潜在因素，包括直接、间接和更深层次的因素都进行分析，只有充分识别了这些潜在因素的发展规律，分清主次地加以控制，才能有效地预防事故。

事故因果性还表现在事故有一个演化过程，事故从萌生、发展到发生有一个过程，因此事故发生以前总会有一些征兆，人们正是通过识别这些征兆来辨识事故的发展进程，控制事故从而化险为夷。事故的征兆是事故萌生量的积累，表现为系统的隐患、故障、偏差和失效等。这些量的累积是系统突发事故及其后果的原因，认识事故发展过程的因果性，既有利于预防事故，也有利于控制事故的后果。

（三）随机性

事故的随机性是指事故发生的偶然性。同样的前因事件随着时间的进程所导致的后果不一定完全相同，但是在偶然的事故中孕育着必然性，必然性又通过偶然事件表现出来。

事故的随机性说明事故的发生服从统计规律，可以用数理统计的方法对事故进行分析，从中找出事故的发生、发展规律，从而认识事故，为预防事故提供依据。

事故的随机性还说明事故具有必然性。从理论上来说，如果生产中存在危险因素，只要时间足够长，样本足够多，作为随机事件的事故迟早都会发生，事故是难以避免的。但是，这并不意味着我们只能束手无策、消极等待。恰恰相反，安全工作者对此并不是无能为力的，而是可以通过客观和科学的分析，从随机发生的事故中发现规律，通过不懈的努力，消除危险因素，使系统的安全状态不断改善，使事故发生的概率不断降低，使事故后果的严重程度不断减弱。

（四）隐蔽性

事故的隐蔽性是指：事故在尚未发生或还没有造成后果之前，各种事故征兆是隐蔽的，系统似乎处于“正常”的状态，造成系统“平安无事”的假象。事故的隐蔽性使得人们认识事故，弄清事故发生的可能性和预防事故成为非常困难的事情。这就要求人们百般珍惜事故的经验教训，不断地探索和总结，消除盲目性和麻痹思想，时刻保持居安思危、常备不懈、明察秋毫的状态，始终将安全放在第一位。

任务二　事故的有关规定

由事故的定义可知，造成人员伤亡、职业病、技术装备损坏、财产损失或环境损害的事件都可称之为事故。对各个行业的技术装备来说，一般都有各自的规定。

一、铁路事故的规定

机车车辆存在各式各样丧失功能的情况，一般称为故障。例如，我国铁路部门大致将丧失功能的情况分为机破、临修和碎修故障。这些不同程度丧失规定功能的各类故障中，哪些能真正称得上是事故呢？各国铁路根据本国的具体情况，按照危害的大小对事故进行了规定和分类，举例如下。

（一）国外铁路行车事故的规定

美国：只要造成列车停车时间超过 5 min 以上，或为了继续牵引列车而需要甩车或换机牵引的均算作事故。

英国：机车车辆及其零部件损坏，凡是造成列车晚点 5 min 以上的就算作一次事故。

德国：造成列车停止运行的就算作事故。也就是说，列车必须甩车或由一台辅助机车牵拖，或在列车运行结束前必须由一台替代机车牵引。

法国：造成客运列车晚点超过 10 min，高速货物列车晚点超过 15 min，货物列车晚点超过 30 min，均称之为事故。

日本：只要列车在运行途中贻误时间超过 10 min 者就算一次事故。

瑞典：造成列车无法运行，而且在 15 min 内不能恢复运行的就算作一次事故。

（二）我国铁路交通事故的规定

将上述各国规定的最低一级铁路事故与我国规定的铁路行车事故相比，可以看出，各个发达国家的铁路部门对事故的规定大致与我国的机破事故相仿。换句话说，根据我国的具体情况，在机车车辆安全性工程分析中，凡是由于机车车辆破损造成的机破都应算作事故。

根据我国《铁路交通事故调查处理规则》(铁道部令2007年第30号)的规定,“铁路机车车辆在运行过程中发生冲突、脱轨、火灾、爆炸等影响铁路正常行车的事故,包括影响铁路正常行车的相关作业过程中发生的事故;或者铁路机车车辆在运行过程中与行人、机动车、非机动车、牲畜及其他障碍物相撞的事故,均为铁路交通事故(以下简称事故)。”

(三)我国铁路行车事故考核指标

目前,我国铁路行车安全考核指标主要有:行车事故件数、行车安全天数、行车事故率和职工死亡事故率。

行车事故件数是指一定时期(月、季、半年、年度)内,全路、铁路局或站段所发生的特别重大事故、重大事故、大事故和一般事故的总件数。事故总件数可以是全部行车事故的总件数,也可以是按事故等级或事故种类分别统计的事故件数。

行车安全天数是指连续生产无事故的天数,是衡量铁路局安全成绩的主要指标。责任行车特别重大和重大事故影响铁路局的安全成绩;责任行车大事故影响站段的安全成绩。各铁路单位通常以100天为统计单位,开展百日安全生产无事故活动。

行车事故率是指全路、铁路局、机务段在一定时间内,每百万机车走行公里所发生的行车事故件数,该指标能客观地反映一个单位的行车安全状态和管理水平。

职工死亡事故率是指一定时期内,一个单位每百万在册的职工总数所发生的职工死亡数。其中,在册职工总数包括行车职工在内的全部职工人数;而职工死亡总数则是指统计期内,因生产和工作发生事故(包括行车事故)所造成的职工死亡总人数。

(四)我国铁路安全指标的考核

中国国家铁路集团有限公司(简称“国铁集团”)对下设各铁路局集团有限公司(简称“铁路局”)安全指标的考核采用扣分制。铁路局发生旅客列车行车特别重大事故实现“一票否决”的办法;对发生的责任旅客列车重大事故,每件扣30分,未发生旅客伤亡时,可酌情扣减;此外,还对责任行车特别重大事故和行车重大事故(含责任重大路外伤亡事故),按每百万公里机车走行公里事故率0.015件考核,失控扣减10分。考核年度内隐瞒行车重大事故的,一经查实加倍计算事故件数。铁路局责任职工死亡事故率按0.3/百万职工考核,受控扣减10分,考核年度内隐瞒者按死亡人数加倍计算。

以上考核成绩直接影响铁路局生产经营责任制的完成情况考核评定。

二、地铁轨道交通事故的规定

(一)地铁人身伤亡、直接经济损失、行车事故的定义

根据国标《地铁运营安全评价标准》(GB/T 50438—2007),地铁人身伤亡、直接经济损失、行车事故的定义见表1-1。

表 1-1　我国地铁人身伤亡、直接经济损失、行车事故的定义

人身伤亡	发生事故 24 h 内，履行地铁运营生产职务或车站服务的现场人员（救援人员除外）、持有效乘车凭证的人员（包括乘客携带的享受免费乘车待遇的儿童）的伤亡
重伤	按《企业职工伤亡事故分类标准》GB 6441
轻伤	按《企业职工伤亡事故分类标准》GB 6441
运营正线中断行车	事故发生在区间或站内，在正线上造成堵塞阻隔状态，造成单线不能行车。由事故发生造成堵塞行车起，至实际恢复连续通行列车行车条件的时间止，为中断行车时间
直接经济损失	车辆、线路、桥隧、通信、信号、供电等技术设备损失费用及事故救援、伤亡人员处理费用（不含人身保险赔偿费用）

（二）地铁事故统计与计算

1. 年度百万公里等效事故率的计算

年度百万公里等效事故率 λ 应按下式计算：

$$\lambda=\sum(a\cdot N)/(106\ \text{km})$$

式中　a——事故折算因子；

N——事故个数；

106 km——百万公里。

2. 事故折算因子 *a* 的计算

（1）责任事故折算因子 a 按表 1-2 确定。

表 1-2　地铁事故折算因子

事故等级	责任事故折算因子 a
特别重大事故	100
重大事故	22
大事故	11
险性事故	3.5
一般事故	1

（2）非地铁方全责的事故折算因子 b 应按下式计算：

$$b=x\cdot a$$

式中　x——责任百分比。

（3）非责任事故折算因子 c 应按下式计算：

$$c=0.1a$$

（三）地铁事故风险水平

地铁事故风险水平按表 1-3 确定。

表 1-3　地铁事故风险水平

事故水平	不可接受	可接受	可忽略
年度百万车公里等效事故率	>0.65	0.65 ~ 0.2	<0.2

三、事故与故障

（一）事故与故障的关系

根据国家标准 GB 3187，失效（故障）的定义为："产品丧失规定的功能。对可修复产品通常也称为故障。"

故障与事故密切相关。对于轨道交通系统来说，在运用和环境条件范围内，系统的故障将对轨道交通系统运用产生一定的影响。几乎所有故障都会对系统的可靠性产生不利的影响，从而影响系统的可用性。然而，在规定的运用条件下，只有一些特殊故障对系统的安全性产生不利影响。环境也可以影响系统的功能，并影响轨道交通系统的安全性。这些相互关系表示在图 1-1 中。

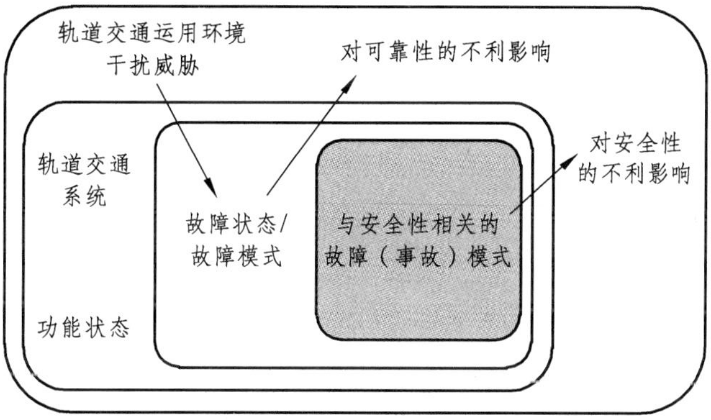

图 1-1　轨道交通系统内部故障的影响

对于产品丧失规定功能的状况都可以称之为故障。故障中造成人员伤亡、职业病、技术装备损坏、财产损失或环境损害的意外事件则称为事故。可见，故障与事故相比，涵盖的范围更广。

（二）安全性与可靠性的关系

安全性与事故有关，可靠性与故障有关。可靠性工程是研究故障的科学。虽然故障不一定会引起人员伤亡和重大财产损失，但轨道交通运输中的重大事故都是由于技术装备故障和人为失误引起的，因此故障和事故是紧密相关的。在可靠性工程学中，造成人员伤亡和财产损失的故障即是安全性问题。在实际中，大多数安全性问题是由可靠性问题造成的。因此可以说，可靠性是安全性的基础。

安全性与可靠性既有联系又有区别。可靠性是指在规定的条件下、规定的时间内产品完成其规定功能的能力。安全性则是指不可能出现导致事故的状态，而不管其规定的功能是否完成。也就是说，可靠性保证产品不失效；而安全性则要求产品不会发生意外事故。可靠性考虑所有可能会发生的功能故障，而安全性则考虑威胁安全的危险源和危险因素，包括造成事故的故障，而非所有故障。此外，安全性还要考虑事前如何消除、控制危险以及在事故发生时如何减少损失。

安全是相对的，要保证绝对安全是做不到的，只能在系统的寿命周期内，识别、评价和控制系统中的危险，将其风险降低到可以接受的程度，而可接受的安全水平又与科技的发展、人与人之间关系、技术装备与人的关系、自然环境对人和技术装备的影响等分不开。因此，一个系统要达到安全，必须首先要求相应的技术装备具有可接受的可靠性。

一般来说，可靠的产品也是安全的。产品不可靠意味着产品不能执行规定的功能，而当该功能成为保证产品安全的关键时，产品就不安全。但在某些情况下，不可靠并不等于不安全。例如，铁路内燃机车在运行中，发动机发生熄火故障，该故障不会导致列车人员伤亡事故，尽管运输任务没有按时完成，但是是安全的。

在某些情况下，可靠性和安全性是相互矛盾的。有时为了提高可靠性却降低了安全性，例如，在某一机车电气系统中，为了提高可靠性采用了冗余设计方案，这样一来电气接头增加很多，使得因电气接头产生火花而导致火灾的可能性加大，使安全性下降；相反，有时也会为了提高安全性而使可靠性降低，例如，在高速列车电气系统中的短路保护装置，在电路出现短路时它能保护电路，提高了安全性，但由于增加了短路保护装置，从而增加了发生故障的可能性，使可靠性下降。在设计时常常需要在可靠性和安全性之间进行权衡。

从分析方法上看，安全性与可靠性的分析方法基本上属于同一范畴，例如故障模式、影响及其危害性分析（FMECA）、故障树分析（FTA）、人因工程等。但两者又各有其特有的专用分析方法，如可靠性工程中的维修性分析、权衡分析、共因故障分析等，安全性分析中的危险源分析、初步危险分析（PHA）和区域安全性分析等。

四、事故（危险）等级

各种事故对系统安全性的影响是不一样的，在对事故进行分析时不能千篇一律地对待，应评价事故产生的后果的严重程度、事故是否经常发生、事故是否容易被发现，从这三方面对事故进行等级划分，即划分为事故后果严重等级、事故概率等级和危险（事故）检测率等级。

（一）事故后果严重等级

事故后果严重等级的划分是为了便于掌握零部件的事故对系统的影响和造成后果

的大小，以便进行系统安全性评价和故障模式及其影响分析，确定维修的重要项目。事故后果严重等级的划分原则是：① 按事故造成人员伤亡的情况；② 按事故造成技术装备和环境的损失情况；③ 按事故造成的直接和间接损失的情况。

一般将技术装备的事故(危险)后果严重等级划分为4个等级，例如IEC 62278—2002、CGB/T 21562—2008规定的铁路事故（危险）后果严重等级，见表1-4。

表1-4　事故（危险）后果严重等级的划分（IEC 62278—2002和GB/T 21562—2008）

严重程度	对人或环境产生的后果	对服务产生的后果
灾难性的	造成灾难，和/或多重的严重毁坏，和/或对环境较大的损害	
危急的	造成单一的灾难，和/或严重毁坏，和/或对环境显著的损害	主要系统丧失
临界的	造成次要毁坏，和/或对环境显著的威胁	严重的系统损害
轻微的	可能是轻微的损坏	较轻的系统损害

上述只是一般的建议，不是一成不变的，不同国家、不同行业技术装备事故严重等级应该根据各自的具体情况来划分。

1. 铁路事故等级

我国铁路行业标准TB/T 3133—2006规定了我国铁路系统危害严重等级，又被国家标准GB/T 21562—2008采用作为轨道交通系统危害严重等级，见表1-5。

表1-5　危害严重等级（GB/T 21562—2008，TB/T 3133—2006）

严重等级	对环境或人的影响	给运行带来的后果
特大	多人死亡，和/或多方面的严重伤害，和/或对环境的较多伤害	
重大	一人死亡，和/或单个严重伤害，和/或对环境产生明显的损害	主系统失效
次要	较小的损伤.和/或对环境的明显影响	严重的系统伤害
轻微	可能存在较小的伤害	较小的系统伤害

我国铁路交通事故等级已在《铁路交通事故调查处理规则》中做了详细规定，事故等级分为4级，按事故后果严重程度分别为：Ⅰ级特别重大事故、Ⅱ级重大事故、Ⅲ级较大事故和Ⅳ级一般事故，见表1-6。

表1-6　铁路行车事故等级

事故等级	等级名称	严重程度	事故损失费/元
Ⅰ	特别重大事故	1.造成30人以上死亡，造成100人以上重伤； 2.造成1亿元以上直接经济损失； 3.繁忙干线客运列车脱轨18辆以上并中断行车48 h以上； 4.繁忙干线货运列车脱轨60辆以上并中断铁路行车48 h以上。	≥1亿

续表

事故等级	等级名称	严重程度	事故损失费/元
Ⅱ	重大事故	1.造成 10 人以上 30 人以下死亡； 2.造成 50 人以上 100 人以下重伤； 3.造成 5000 万元以上 1 亿元以下直接经济损失； 4.客运列车脱轨 18 辆以上； 5.货运列车脱轨 60 辆以上； 6.客运列车脱轨 2 辆以上 18 辆以下，并中断繁忙干线铁路行车 24 h 以上或者中断其他线路铁路行车 48 h 以上； 7.货运列车脱轨 6 辆以上 60 辆以下，并中断繁忙干线铁路行车 24 h 以上或者中断其他线路铁路行车 48 h 以上。	≥5000 万
Ⅲ	较大事故	1.造成 3 人以上 10 人以下死亡； 2.造成 10 人以上 50 人以下重伤； 3.造成 1000 万元以上 5000 万元以下直接经济损失； 4.客运列车脱轨 2 辆以上 18 辆以下； 5.货运列车脱轨 6 辆以上 60 辆以下； 6.中断繁忙干线铁路行车 6 h 以上； 7.中断其他线路铁路行车 10 h 以上。	≥1000 万
Ⅳ	一般事故	A 类： 1.造成 2 人死亡； 2.造成 5 人以上 10 人以下重伤； 3.造成 500 万元以上 1000 万元以下直接经济损失； 4.列车及调车作业发生冲突、脱轨、火灾、爆炸、相撞，造成下列后果之一的：①繁忙干线双线之一线或单线行车中断 3 h 以上 6 h 以下，双线行车中断 2 h 以上 6 h 以下；②其他线路双线之一线或单线行车中断 6 h 以上 10 h 以下，双线行车中断 3 h 以上 10 h 以下；③客运列车耽误本列 4 h 以上；④客运列车脱轨 1 辆；⑤客运列车中途摘车 2 辆以上；⑥客车报废 1 辆或大破 2 辆以上；⑦机车大破 1 台以上；⑧动车组中破 1 辆以上；⑨货运列车脱轨 4 辆以上 6 辆以下。	≥500 万
		B 类： 1.造成 1 人死亡； 2.造成 5 人以下重伤； 3.造成 100 万元以上 500 万元以下直接经济损失； 4.列车及调车作业中发生冲突、脱轨、火灾、爆炸、相撞，造成下列后果之一的：①繁忙干线行车中断 1 h 以上；②其他线路行车中断 2 h 以上；③客运列车耽误本列 1 h 以上；④客运列车中途摘车 1 辆；⑤客车大破 1 辆；⑥机车中破 1 台；⑦货运列车脱轨 2 辆以上 4 辆以下。	

续表

事故等级	等级名称	严重程度	事故损失费/元
Ⅳ	一般事故	C类： 1.列车冲突； 2.货运列车脱轨； 3.列车火灾； 4.列车爆炸； 5.列车相撞； 6.向占用区间发出列车； 7.向占用线接入列车； 8.未准备好进路接、发列车； 9.未办或错办闭塞发出列车； 10.列车冒进信号或越过警冲标； 11.机车车辆溜入区间或站内； 12.列车中机车车辆断轴，车轮崩裂，制动梁、下拉杆、交叉杆等部件脱落； 13.列车运行中碰撞轻型车辆、小车、施工机械、机具、防护栅栏等设备设施或路料、坍体、落石； 14.接触网接触线断线、倒杆或塌网； 15.关闭折角塞门发出列车或运行中关闭折角塞门； 16.列车运行中刮坏行车设备设施； 17.列车运行中设备设施、装载货物（包括行包、邮件）、装载加固材料（或装置）超限（含按超限货物办理超过电报批准尺寸的）或坠落； 18.装载超限货物的车辆按装载普通货物的车辆编入列车； 19.电力机车、动车组带电进入停电区； 20.错误向停电区段的接触网供电； 21.电气化区段攀爬车顶耽误列车； 22.客运列车分离； 23.发生冲突、脱轨的机车车辆未按规定检查鉴定编入列车； 24.无调度命令施工、超范围施工、超范围维修作业； 25.漏发、错发、漏传、错传调度命令导致列车超速运行。	≥500万
		D类： 1.调车冲突； 2.调车脱轨；	

续表

事故等级	等级名称	严重程度	事故损失费/元
Ⅳ	一般事故	3.挤道岔； 4.调车相撞； 5.错办或未及时办理信号致使列车停车； 6.错办行车凭证发车或耽误列车； 7.调车作业碰轧脱轨器、防护信号或未撤防护信号动车； 8.货运列车分离； 9.施工、检修、清扫设备耽误列车； 10.作业人员违反劳动纪律、作业纪律耽误列车； 11.滥用紧急制动阀耽误列车； 12.擅自发车、开车、停车、错办通过或在区间乘降所错误通过； 13.列车拉铁鞋开车； 14.漏发、错发、漏传、错传调度命令耽误列车； 15.错误操纵、使用行车设备耽误列车； 16.使用轻型车辆、小车及施工机械耽误列车； 17.应安装列尾装置而未安装发出列车； 18.行包、邮件装卸作业耽误列车； 19.电力机车、动车组错误进入无接触网线路； 20.列车上工作人员往外抛掷物体造成人员伤害或设备损坏； 21.行车设备故障耽误本列客运列车 1 h 以上，或耽误本列货运列车 2 h 以上； 22.固定设备故障延时影响正常行车 2 h 以上（仅指正线）。	≥500 万

2. 地铁事故等级

根据国标 GB/T 50438—2007《地铁运营安全评价标准》，我国地铁事故等级分类见表 1-7。

表 1-7　地铁事故等级分类表（GB/T50438—2007）

事故等级	危害程度		
	人身伤亡	直接经济损失	行车事故
特别重大事故	死亡 30 人及以上	1000 万元及以上	
重大事故	死亡 3 人以上或重伤 5 人及以上	500 万元及以上	中断行车时间 $t\geqslant 180$ min
大事故	死亡 1～3 人或重伤 3 人及以上	100～500 万元	中断行车时间 60 min$\leqslant t\leqslant$180 min

续表

事故等级	危害程度		
	人身伤亡	直接经济损失	行车事故
险性事故			1.列车冲突、脱轨、分离或运行中重要部件脱落； 2.列车冒进信号、擅自退行或溜车； 3.向占用闭塞区段发车； 4.列车错开车门、夹人走车、开门走车或运行中开启车门； 5.线路或车辆超限界。
一般事故	重伤 1～2 人	1 万人及以上	中断行车时间 20 min≤t≤60 min

注：① 危害程度同时满足其中两项或两项以上条件者，取最严重的条件作为事故等级划分依据；

② 中断行车时间为 20 min≤t≤40 min 时，计 1 起一般事故，40 min≤t<60 min 时，计 2 起一般事故；

③ 每次事故轻伤 1 人时，计 0.3 起一般事故。

3. 北京市城市轨道交通事故等级

各个城市情况不同，所规定的城市轨道交通事故等级条件也不一样。例如，北京市城市轨道交通事故等级，依据轨道交通运营突发事件可能造成的危害程度、波及范围、影响力大小、人员伤亡及财产损失等情况，由高到低划分为特别重大（Ⅰ级）、重大（Ⅱ级）、较大（Ⅲ级）、一般（Ⅳ级）4 个级别。

1）特别重大轨道交通运营突发事件（Ⅰ级）

出现下列情形之一者：

（1）造成轨道交通运营中断 6 h 以上；

（2）造成 30 人以上死亡（含失踪），或者危及 50 人以上生命安全，或者 100 人以上重伤（中毒）；

（3）造成被困人数 3 000 人以上；

（4）造成 1 亿元以上直接经济损失；

（5）造成需要紧急转移安置 10 万人以上。

2）重大轨道交通运营突发事件（Ⅱ级）

出现下列情形之一者：

（1）造成轨道交通运营中断 3 h 以上 6 h 以下；

（2）造成 10 人以上 30 人以下死亡（含失踪），或者危及 30 人以上 50 人以下生命安全，或者 50 人以上 100 人以下重伤（中毒）；

（3）造成被困人数 1 000 人以上 3 000 人以下；

（4）造成 5 000 万元以上 1 亿元以下直接经济损失；

（5）造成需要紧急转移安置 5 万人以上 10 万人以下。

3）较大轨道交通运营突发事件（Ⅲ级）

出现下列情形之一者：

（1）造成轨道交通运营中断 0.5 h 以上 3 h 以下；

（2）造成 3 人以上 10 人以下死亡（含失踪），或者危及 10 人以上 30 人以下生命安全，或者 10 人以上 50 人以下重伤（中毒）；

（3）造成被困人数 500 人以上 1 000 人以下；

（4）造成 1 000 万元以上 5 000 万元以下直接经济损失；

（5）造成需要紧急转移安置 1 万人以上 5 万人以下。

4）一般轨道交通运营突发事件（Ⅳ级）

出现下列情形之一者：

（1）造成轨道交通运营中断 0.5 h 以下；

（2）造成 3 人以下 10 人以下死亡（含失踪），或者危及 10 人以下生命安全，或者 10 人以下重伤（中毒）；

（3）造成被困人数 500 人以下；

（4）造成 1 000 万元以下直接经济损失；

（5）造成需要紧急转移安置 1 万人以下。

（二）事故概率等级

事故概率等级的划分是为了掌握事故发生概率的大小，是对事故发生的可能性和频率进行评估。国际标准 IEC 62278—2002 将铁路危险事件概率等级划分为 6 级，见表 1-8。我国又将其扩展为轨道交通的国家标准 GB/T 21562—2008。同样，各个行业技术装备事故概率等级的划分也应结合各个行业的具体情况和要求，例如将机车车辆事故概率等级划分为 5 级，见表 1-9。

表 1-8　事故概率等级的划分（IEC 62278—2002 和 GB/T 21562—2008）

分类	说明
频繁	很可能频繁发生，危险不断地出现
经常	会出现几次，预计危险可能经常发生
有时	很可能会出现几次，预计危险会发生几次
很少	在系统寿命周期中，可能有时会出现，合理预计危险会发生
极少	不太可能发生，但可能存在，假定危险极少会发生
不太可能	几乎不可能发生，假定危险不会发生

表 1-9　机车车辆事故概率等级

事故概率等级 （与现有机车车辆/零部件相比较）	发生的可能性	可能的事故率 （事故数/运行小时）
高：事故持续性出现	频繁	$>10^{-3}$
中：事故经常性出现	经常	$10^{-5}\sim10^{-3}$
低：事故较少出现	有时	$10^{-7}\sim10^{-5}$
很低：事故几乎不出现	很少	$10^{-9}\sim10^{-7}$
不太可能：事故不太可能出现	不太可能	$<10^{-9}$

（三）危险检测率等级

危险检测率等级的划分是为了掌握危险被发现的概率大小，是对危险被发现可能性的评估。表 1-10 为机车车辆危险检测率等级的评价准则。

表 1-10　机车车辆危险检测率评价准则

评价准则	检测性	危险未被检测出的比率
肯定不能在运行中检测出的危险	几乎不可能	>1/10
不容易识别事故特征，很难在运行中检测出的危险	很低	<1/10
能识别事故特征，但很难在运行中检测出的危险	低	<1/100
通过计划检查和传感器持续监测得知危险状况	中等	<1/100
在维修中通过目测检查可以发现危险	高	<1/1000
肯定能在运行中发现危险	很高	<1/10 000

任务三　事故的分类

为了评价系统的安全状况，研究事故发生的原因和有关规律，在对事故进行统计分析的过程中，需要对事故进行科学的分类。至于如何分类，由于研究的目的不同、角度不同，分类的方法也就不同。需要指出的是，事故的分类在此主要是指伤亡事故，特别是指企业职工伤亡事故的分类。伤亡事故分类的原则是：适合国情，统一口径，提高可比性，有利于科学分析和积累事故资料，有利于安全生产的科学管理。

伤亡事故的分类，分别从不同方面描述了事故的不同特点，根据我国有关安全法律、法规、标准和管理体制以及今后防范事故的要求，目前应用比较广泛的事故分类方法主要有以下几种。

一、按事故属性分类

依照事故的属性不同，事故分为自然事故和人为事故两大类。

（一）自然事故

自然事故就是人们常说的“天灾”，是指运用现代的科技手段和人类目前的力量难以预知或不可抗拒的自然因素所造成的事故。它属于人为能力还不能完全控制的领域，如地震、海啸、台风、突发洪水，火山爆发、滑坡、陷落、冰雹、异常干旱、气压突变等，都是自然事故。一般来说，对于这类事故目前还不能准确地进行预测、预报，或者虽然有一定程度的预报或预测，但也只限于采取一些应急措施来减少受害范围和减轻受害的程度。

需要指出的是，在人类生活、生产和工业设计中，因没有考虑到自然因素的变化而带来的危险或灾难，就不属于自然事故。例如，在台风多发地带建设的工业建筑、人类生活设施，就必须考虑到台风因素的作用，从而加大安全系数和防范措施，否则就不属于自然事故领域，当然，在考虑到自然因素之后，用目前人类的力量仍不可抗拒所造成的事故，就是自然事故。

（二）人为事故

所谓人为事故就是除“天灾”以外的事故。发生这类事故的主要原因在于人，而不在于“天”，因此，人为事故是完全可以预防的，在生产过程中发生的事故基本上都属于人为事故。

人为事故是指由于人们违背自然规律、违反科学程序或违反法（律）令、法规、条例、规程等不良行为而造成的事故。

二、按事故发生行业或专业分类

（一）按事故发生行业分类

按照事故发生的行业可将事故分为：交通运输事故、建筑工程事故、工业事故、矿业事故、农林业事故、渔业事故、商贸服务业事故、医药卫生事故、食品安全事故、电力安全事故、信息安全事故、核安全事故等。

2005 年以后，国家安监总局制定了全国安全生产事故控制指标体系，形成了总体控制指标、绝对控制指标、相对控制指标和较大、重大事故控制指标，共计 4 类 27 项安全生产事故控制指标体系。其中将事故按行业分为 9 类：① 工矿商贸生产安全事故，包括煤矿事故、金属与非金属矿事故、建筑施工事故、危险化学品事故、烟花爆竹事故、特种设备事故等；② 火灾事故；③ 道路交通事故；④ 水上交通事故；⑤ 铁路交通事故；⑥ 渔业船舶事故；⑦ 农业机械事故；⑧ 民航飞行事故；⑨ 其他事故。

（二）按事故发生专业分类

在某一行业中还可以按照事故发生的专业分类，例如：

（1）电力行业可按照专业将事故分为：输电专业事故、继电保护专业事故、变电检修专业事故、调度自动化专业事故、变电运行专业事故、配网专业事故和农网专业事故。

（2）铁路行业可按照各铁路专业部门将事故分为：铁路车务安全事故、铁路机务安全事故、铁路供电安全事故、铁路工务安全事故、铁路电务安全事故、铁路车辆安全事故、铁路客运安全事故、铁路货运安全事故等。

三、按事故严重程度分类

2007 年国务院第 493 号令，公布并实施《生产安全事故报告和调查处理条例》，根据生产安全事故（简称事故）造成的人员伤亡或者直接经济损失，事故一般分为以下等级：

（1）特别重大事故：是指造成 30 人以上死亡，或者 100 人以上重伤（包括急性工业中毒），或者 1 亿元以上直接经济损失的事故。

（2）重大事故：是指造成 10 人以上 30 人以下死亡，或者 50 人以上 100 人以下重伤，或者 1 000 万元以上 1 亿元以下直接经济损失的事故。

（3）较大事故：是指造成 3 人以上 10 人以下死亡，或者 10 人以上 50 人以下重伤，或者 1 000 万元以上 5 000 万元以下直接经济损失的事故。

（4）一般事故：是指造成 3 人以下死亡，或者 10 人以下重伤，或者 1 000 万元以下直接经济损失的事故。

国务院安全生产监督管理部门可以会同国务院有关部门，制定事故等级划分的补充性规定。例如，消防、民航和铁路等部门都有不同的事故等级标准或事故补充标准。

四、按事故伤害分类

（一）按事故伤害程度分类

1.《企业职工伤亡事故分类标准》的规定

按照国标 GB6441—86《企业职工伤亡事故分类标准》的规定，事故对人员的伤害程度可分为：

（1）轻伤：是指损失工作日低于 105 日的失能伤害。

（2）重伤：是指损失工作日等于和超过 105 日的失能伤害。

（3）死亡事故。重大伤亡事故是指一次事故死亡 1 ~ 2 人的事故。特大伤亡事故是指一次事故死亡 3 人以上的事故（含 3 人）。

2.《企业职工伤亡事故报告和处理规定》

根据国务院 1991 年 10 月发布的《企业职工伤亡事故报告和处理规定》和 1993 年 9 月印发的《企业职工伤亡事故报告条件问题解答》，将事故分类为：

（1）轻伤事故：是指一次事故中只发生轻伤的事故。轻伤是指造成职工肢体伤残，或者某些器官功能性或器质性轻度损伤，表现为劳动能力轻度或暂时丧失的伤害。一般指受伤职工歇工在 1 个工作日以上，但够不上重伤者。

（2）重伤事故：是指一次事故中发生重伤（包括伴有轻伤）、无死亡的事故。重伤是指造成职工肢体残缺或视觉、听觉等器官受到严重损伤，一般能引起人体长期存在功能障碍，或者劳动能力有重大损失的伤害。

（3）死亡事故：是指一次事故中死亡职工 1 ~ 2 人的事故。

（4）重大死亡事故：是指一次事故中死亡 3 人以上（含 3 人）的事故。

（二）按事故伤害部位分类

根据国标 GB 6441—86《企业职工伤亡事故分类标准》的规定，按事故伤害人员的部位分类见表 1-11。

表 1-11　按事故伤害部位分类

序号	受伤部位	序号	受伤部位
1	颅脑，包括脑、颅骨和头皮	9	腹部，包括内脏
2	面颌部	10	腰部
3	眼部，包括眼窝和视神经	11	脊柱，包括脊柱、邻接的肌肉和骨髓
4	鼻	12	上肢，包括肩胛部、上臂、肘部和前臂
5	耳	13	腕及手，包括腕、掌、指
6	口，包括唇、齿和舌	14	下肢，包括髋部、股骨、膝部和小腿
7	颈部，包括咽喉和颈骨	15	踝及脚，包括踝部、跟部、跖部（距骨、舟骨、跖骨）和趾
8	胸部，包括肋骨、胸骨和胸部内脏		

（三）按事故伤害性质分类

按事故伤害性质分类见表 1-12。

表 1-12　按事故伤害性质分类

序号	受伤性质	序号	受伤性质
1	电伤	10	切断伤
2	挫伤、轧伤、压伤	11	冻伤
3	倒塌压埋伤	12	烧伤
4	辐射损伤	13	烫伤
5	割伤、擦伤、刺伤	14	中暑
6	骨折	15	冲击
7	化学性灼伤	16	生物致伤
8	撕脱伤	17	多伤害
9	扭伤	18	中毒

（四）按事故伤害方式分类

按致害物与人体发生接触的方式分类见表 1-13。

表 1-13　按事故伤害方式分类

序号	伤害方式	序号	伤害方式
1	碰撞，包括人撞固定物体、运动物体撞人、互撞	9	辐射
2	撞击，包括落下物、飞来物	10	爆炸
3	坠落，包括由高处坠落平地，由平地坠入井、坑洞	11	中毒，包括吸入有毒气体、皮肤吸收有毒物质
4	跌倒	12	触电
5	坍塌	13	接触，包括高低温环境、高低温物体
6	淹溺	14	掩埋
7	灼烫	15	倾覆
8	火灾		

五、按事故起因物和致害物分类

导致事故发生的物体、物质称为起因物；直接引起伤害和中毒的物体或物质称为致害物。

（一）按事故起因物分类

按事故起因物分类见表 1-14。

表 1-14　按事故伤害起因物分类

序号	起因物名称	序号	起因物名称
1	锅炉	15	煤
2	压力容器	16	石油制品
3	电气设备	17	水
4	起重机械	18	可燃性气体
5	泵、发动机	19	金属矿物
6	企业车辆	20	非金属矿物
7	船舶	21	粉尘
8	动力传动机构	22	梯
9	放射性物质及设备	23	木材
10	非动力手工具	24	工作面（人站立面）
11	电动手工具	25	环境
12	其他机械	26	动物
13	建筑物及构筑物	27	其他
14	化学品		

（二）按事故致害物分类

按事故致害物分类见表 1-15。

表 1-15　按事故致害物分类

序号	致害物名称	序号	致害物名称
1	煤、石油产品，包括煤、焦炭、沥青及其他	7	空气
2	木材，包括树、原木、锯材及其他	8	工作面（人站立面）
3	水	9	矿石
4	放射性物质	10	黏土、沙、石
5	电气设备，包括母线、配电箱、电气保护装置电阻箱、蓄电池、照明设备及其他	11	锅炉、压力容器，包括锅炉、压力容器、压力管道、安全阀及其他
6	梯	12	大气压力，包括高压（指潜水作业）、低压（指空气稀薄的高原地区）
13	化学品，包括酸、碱、氢、氨、液氧、氯气、酒精、乙炔、火药、炸药、芳香烃化合物、砷化物、硫化物、二氧化碳、一氧化碳、卤化物、金属化合物及其他	19	手工具（非动力）
14	机械，包括搅拌机、送料装置、农业机械、林业机械、铁路工程机械、铸造机械、锻造机械、焊接机械、粉碎机械、金属切削机床、公路建筑机械、矿山机械、冲压机、印刷机械、压辗机、分离机、纺织机械、木工刨床、木工锯机、其他木工机械、皮带传送机及其他	20	电动手工具
15	金属件，包括钢丝绳、铸件、铁屑、齿轮、飞轮、螺栓、销、丝杠、光杠、绞轮、轴及其他	21	动物
16	起重机械，包括塔式起重机、龙门式起重机、梁式起重机、门座式起重机、浮游式起重机、甲板式起重机、桥式起重机、缆索式起重机、履带式起重机、叉车、电动葫芦、绞车、卷扬机、桅杆式起重机、壁式起重机、铁路起重机、千斤顶及其他	22	企业车辆
17	噪声	23	船舶
18	蒸汽		

六、按事故类型分类

根据国标《企业职工伤亡事故分类》（GB 6441—1986），将事故类型分为 20 类：

（1）物体打击：物体在重力和其他外力的作用下产生运动，打击人体造成人身伤亡事故，如落物、滚石、锤击、碎裂、崩倒、砸伤等伤害，但不包括因爆炸、机械设备、车辆、起重机械、坍塌等引发的物体打击。

（2）车辆伤害：机动车辆在行驶中引起的人体坠落和物体倒塌、飞落、挤压伤亡事故，不包括起重设备提升、车辆牵引和车辆停驶时发生的事故。

（3）机械伤害：机械设备零部件、工具、加工件直接接触人体引起的夹击、碰撞、剪切、卷入、绞、碾、割、刺等伤害，不包括车辆、起重机械引起的机械伤害。

（4）起重伤害：各种起重作业，包括起重机安装、检修和试验中发生的伤害事故。例如，在起重作业中脱钩砸人、移动吊物撞人、钢丝绳断裂抽打人；安装或使用过程中，倾覆事故和起重设备本身的缺陷等。

（5）触电：电流流经人体造成的人身伤害事故。例如，人体接触裸露的临时电线或接触带电设备的金属外壳，触摸漏电的手持电动工具以及触电后坠落和遭受雷击等事故。

（6）淹溺：人落水后，因呼吸阻塞导致的急性缺氧而窒息死亡的事故。例如，从事各种作业时发生的落水事故，包括高处坠落淹溺以及水下施工作业发生的淹溺，但不包括矿山、井下淹溺。

（7）灼烫：生产过程中被火焰烧伤、高温物体烫伤、化学灼伤（酸、碱、盐、有机物引起的体内外灼伤）、物理灼伤（光、放射性物质引起的体内外灼伤）等伤害事故，但不包括电灼伤和火灾引起的烧伤。

（8）火灾：企业发生的火灾事故以及在扑救火灾过程中造成的人员伤害事故。

（9）高处坠落：在高处作业时发生坠落造成的伤亡事故。例如，从各种架子、平台、陡壁、梯子等高处坠落，或由地面踏空坠入坑洞、沟和漏斗的伤害事故，不包括由于其他事故而诱发的高处坠落，如触电坠落事故。

（10）坍塌：物体在外力作用下，超过自身的强度极限或因结构稳定性被破坏造成的事故。例如，因设计、施工不合理而造成的倒塌和土方、岩石的塌陷事故，但不包括由于矿山冒顶、片帮或爆破引起的塌陷伤害事故。

（11）冒顶片帮：在矿山工作面、通道上部、侧壁，由于支护不当、压力过大造成的坍塌伤害事故。顶板塌落为冒顶，侧壁坍塌为片帮，两者同时发生为冒顶片帮。

（12）透水：在地下开采或其他坑道作业时，意外水源造成的伤亡事故，例如地下含水带或被淹坑道涌水造成的伤害事故，但不包括地面水害事故。

（13）放炮：爆破作业中发生的伤亡事故，如各种爆破作业，采石、采矿、采煤、修路、开山、拆除建筑物等工程进行放炮作业引起的伤亡事故。

（14）火药爆炸：火药、炸药及其制品在生产加工、运输、储存中发生的爆炸事故。

（15）瓦斯爆炸：可燃性气体瓦斯与空气混合形成的浓度达到爆炸极限，而引起的化学性爆炸事故。

（16）锅炉爆炸：固定或承压锅炉发生的物理性爆炸事故。

（17）容器爆炸：压力容器超压爆炸、轮胎爆炸等。

（18）其他爆炸。主要包括化学性爆炸，诸如：

① 可燃性气体与空气混合形成的爆炸，如煤气、乙炔、氢气、液化石油气体等；

② 可燃性蒸汽与空气混合形成的爆炸，如酒精、汽油挥发气体等；

③ 可燃粉尘等与空气混合形成的爆炸，如铝粉、镁粉、有机玻璃粉、聚乙烯塑料粉、面粉、谷物粉、糖粉、煤粉、木粉、煤尘，以及可燃性纤维、麻纤维、棉纤维、腈纶纤维、涤纶纤维、维纶纤维、烟草粉尘等的爆炸事故；

④ 间接形成的可燃性气体或蒸汽与空气混合，如可燃性固体、易自燃物、水氧化剂因化学作用而迅速反应，分解出可燃气体与空气混合形成爆炸性气体，遇明火而爆炸，如锅炉在点火过程中发生的炉膛爆炸、钢水包爆炸事故等。

（19）中毒和窒息。中毒是指人接触有毒物质、吃有毒食物、呼吸有毒气体引起的人体急性中毒事故，如煤气、油气、沥青、化学制剂、一氧化碳中毒等。窒息是指在坑道、深井、涵洞、管道、发酵池等通风不良处作业，由于缺氧造成的窒息事故。

（20）其他伤害：除上述以外的危险因素，如摔、扭、挫、擦、刺、割伤，非机动车碰撞和轧伤以及动物咬伤等。

任务四　事故致因理论

一、事故致因理论概述

为了防止事故的发生，人们首先必须弄清楚导致事故发生的原因（致因），了解事故的发生、发展过程，在此基础上研究如何消除和控制事故影响因素，防止事故的发生，以保证生产系统处于安全状态。

伴随着生产力的发展和工业技术的进步，工业事故也频繁发生，人们在与各种事故做斗争的实践中不断总结经验，探索事故发生的规律，相继提出了阐明事故为什么会发生、事故是怎样发生的以及如何防止事故发生的理论。由于这些理论着重解释事故发生的原因以及针对事故致因如何采取措施预防事故，所以被称为事故致因理论。事故致因理论是用来分析事故、指导事故预防工作的基本理论。

事故致因理论是生产力发展到一定水平的产物。在生产力发展的不同阶段，生产过程中出现的安全问题有所不同，特别是随着生产方式的变化，人在生产过程中所处的地位发生变化，引起人们安全观念发生变化，从面产生了不同的事故致因理论。

事故致因理论的范畴，包括从简单的单因素理论到不断增多的复杂因素的系统理论。

1919 年格林伍德和 1926 年纽伯尔德都曾认为，事故在人群中并非随机地分布，某些人比其他人更容易发生事故，因此，应采用某种方法将“有事故倾向的工人”与其他人区别开来。这种理论的缺点是过分夸大了人的性格特点在事故中的作用。

1939 年，法默和凯姆伯斯又重复提出：一个有事故倾向的人具有较高的事故率，这与工作任务、生活环境和经历等无关。

1951 年，阿布斯和克利克的研究指出，个别人的事故率具有明显的不稳定性，对具有事故倾向的个性类型的量度界限难于测定。广泛的批评使这一单因素（具有事故倾向的素质论）理论被排出事故致因理论的地位。

第二个单因素理论称为心理动力理论，它来源于弗洛伊德的个性动力理论，认为工人受到伤害的主要原因是刺激所致。这种理论也无法证实某个特定的动机会引起某个特定的事故。这里提出这个观点，是因为它与事故倾向论者相反：不认为个别人的品德缺陷是固有的和稳定的，而认为无意识的动机是可以改变的。可以将此理论推论为：一个人可能属于具有事故倾向组，通过教育或培训可以降低其事故率，而不必从工作中将他们排出。

1957 年，科尔提出了社会-环境模型，该理论认为：一个有益的工作环境能增加安全性，人们在工作中保持机警会避免事故；反之，一个不良的社会条件和环境会导致人们发生事故。

科尔认为，来自社会和环境的压力会分散工人的注意力从而导致事故。这些压力包括：工作变更、领班更换、婚姻、死亡、生育、分离、疾病、噪声、照明不良、高温和过冷以及时间紧迫、催促等。科尔既没有说明每一个因素与事故发生有何种关系，也没有给“机警”下一个定义，这种理论只不过对事故原因能增进理解而已。

海因里希的多米诺骨牌模型阐明了“伤害五因素”的事件链。这个模型强调：伤害总是事故的结果（为多米诺模型定义了事故）；事故（意外事件）总是不安全行动或机械危害的结果；不安全行动和机械危害又是人为失误的结果，等等。这些绝对的结论，对于事故致因的全面理解显然过于简单化了。此模型的吸引力在于它的假设，即只要移去事故链中的一枚骨牌，就等于砍断事故链，因此应着眼于中间的骨牌（不安全行动或机械危险）。这个理论对于每一枚骨牌都给出了相等的致因能力，但对此并无理论上的证明。

1980 年，海因里希、拜特森对多米诺骨牌模型提出了修正，但也只是罗列了一些导致不安全行动或危险的因素，并未确定因素之间的关系。

伤亡事故五因素的多米诺骨牌模型的主要用途是：有利于在事故调查过程中查明因果关系，也可用于加强安全管理。

二、事故致因理论的发展阶段

由图 1-2 可见，事故致因理论的发展大致分为 4 个阶段，即自然致因论阶段、单一因素理论阶段、人和物综合理论阶段、系统安全理论阶段。

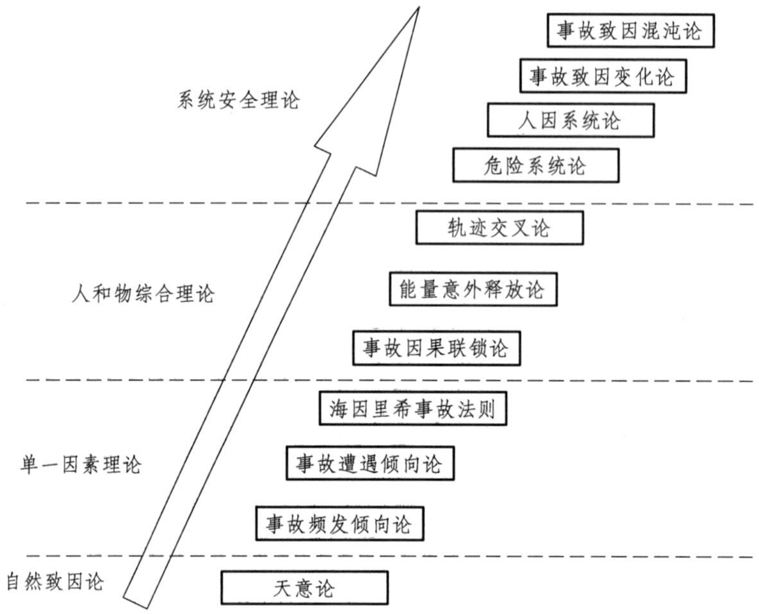

图 1-2　事故致因理论发展示意图

（一）自然致因论阶段

在科学技术落后的古代，由于人们对自然界缺乏认识，往往把事故和灾害看成是人类无法抗拒的“天意”，是“命中注定”的，只能祈求上天庇护、神灵保佑，因此，自然致因论是“天意论”，实际上不是什么理论，是对事故致因的不可知论。

（二）单一因素理论阶段

20 世纪初，随着资本主义工业的飞速发展，蒸汽动力机械和电力驱动机械取代了手动工具，这些机械的使用大大提高了劳动生产率，但也增加了事故发生率，这是由于当时设计的机械很少或根本不考虑操作的安全性，而且几乎没有安全防护装置。

最早的事故致因理论认为，事故的发生与单一因素有关，这就是单一因素事故致因理论。

如图 1-2 所示，单一因素事故致因理论主要分为：事故频发倾向论、事故遭遇倾向论和海因里希事故法则。

1. 事故频发倾向论

1919 年，英国的格林伍德（M.Greenwood）和伍兹（H.H.Woods）对许多工厂伤亡事故进行了统计分析，并按不同的分布对事故发生次数进行了统计检验，结果发现，某些工人较其他人容易发生事故。在此基础上，1939 年，法默（H.Farmer）和查姆勃（Chamber）等人提出了事故频发倾向的概念，这种理论认为，工厂中的少数工人具有事故频发倾向，是工厂事故发生的主要原因，因此，防止企业中事故频发倾向者发生事故是预防事故的基本措施，一方面，要通过严格的生理、心理检验等，从众多求职者中选择身体、智力、性格和动作特征等方面优秀的人才就业；另一方面，一旦发现事故频发倾向者立即解雇。

但是，事故频发倾向论显然不符合现代事故致因理念。研究表明，将事故发生次数多的工人调离岗位，企业的事故发生概率并不会明显下降。例如维勒（Waller）对司机的调查，伯内科（Berneki）对铁路调车员的调查，都证实了这种现象，证明了这种理论的局限性，因此，随后出现了以物为主的事故遭遇倾向论。

2. 事故遭遇倾向论

第二次世界大战以后，人们逐渐认识到单一的事故频发倾向论是错误的，有些人较另一些人容易发生事故是与他们从事的作业危险性较高有关，因此，不能把事故的责任简单地归结为工人的致因，应该强调机械和物质的危险性在事故致因中的重要地位。

随着科学技术的进步，技术装备逐渐向复杂化、自动化、智能化的方向发展，机电一体化、具有监控功能的安全系统逐渐取代了人对生产过程的安全监管，使安全保护作用更准确、更迅速、更完善，人对生产过程的干预逐渐减少，因而人的不安全行为发生的概率和影响也逐渐降低，而物的不安全状态的影响在逐渐增加，人的不安全行为更多地融合在物的不安全状态之中，在这样的背景下，为了提高系统运行的可靠性与安全性，人们提出了一系列淡化人为因素、突出物的因素，甚至以设备自动化代替人操作机器的事故致因思想，出现了事故遭遇倾向论，即某些人员只有在某些生产作业条件下才容易发生事故的倾向。

许多研究表明，前后不同时期里事故发生次数的相关系数与作业条件有关。洛奇（Roche）发现，工厂规模不同，生产作业条件不同，事故发生次数的相关系数也不一样。高勃（P.W.Gobb）通过6年和12年两个时期的观察发现，事故发生次数的相关系数与职业相关，当从事规则的重复性作业时，事故频发倾向较为明显，明兹（A.Mintz）等人建议用事故遭遇倾向的概念取代事故频发倾向的概念，根据这一概念，科尔（W.A.Kerr）调查了53个电子工厂40项人为因素和生产作业条件因素与事故发生频度和伤害严重性之间的关系，发现影响事故发生频度的主要因素是搬运距离、噪声大小、临时工数量和工人自觉性等，这就证明了事故的发生与作业条件密切相关。

3. 海因里希事故法则

1931年，美国安全工程师海因里希（H.W.Heinrich）在《工业事故预防》（*Industrial Aceident Prevention*）一书中，阐述了工业安全实践总结出来的工业安全公理，又被称为“海因里希事故法则”，他调查了75 000件工伤事故，发现其中有98%是可以预防的，在可预防的工伤事故中，以人的不安全行为为主要原因的占89.8%，而以设备、物质的不安全状态为主要原因的只占10.2%。按照这种统计结果，绝大部分工伤事故都是由于工人的不安全行为引起的，海因里希还认为，即使有些事故是由于物的不安全状态引起的，其不安全状态的产生是由于工人的错误所致。因此，这一理论与事故倾向性理论一样，将事件链中的原因大部分归于操作者的错误，表现出时代的局限性。

海因里希事故法则是事故单一因素致因理论时期的代表性理论，海因里希认为，人的不安全行为、物的不安全状态是事故发生的直接原因，企业事故预防工作的核心就是消除人的不安全行为和物的不安全状态，而人的不安全行为是导致事故的主要因素，即使一些伤害事故是由于物的不安全状态引起的，但也是由于人的缺点和错误造成的，因此，海因里希事故法则和事故频发倾向论一样把事故的责任归因于人，从这一认知出发，进一步追究事故发生的根本原因是人的缺点，来源于遗传因素和人员成长的社会环境。

（三）人和物综合理论阶段

人和物综合事故致因理论反映了在时间（联锁过程）和空间（人、机和环境）上对事故致因较为全面的认知。这方面的理论从第二次世界大战以后，直至今天仍然是事故致因分析的主要基础和方法。人和物综合事故致因理论主要分为：事故因果联锁论、能量意外释放论和轨迹交叉论。

1. 事故因果联锁论

事故因果联锁论最早是海因里希在其“工业安全公理”的基础上提出来的，用以阐明导致事故伤亡的各种因素之间及其与伤害之间的关系。该理论认为，伤亡事故的发生不是一个孤立的事件，尽管伤害可能在一瞬间突然发生，但它却是一系列相互作用的原因事件相继联锁发生的结果。事故发生的原因是人的不安全行为或物的不安全状态，两者都是由于人的缺点造成的，而人的缺点是由于不良作业条件的诱发或先天的遗传因素造成的。海因里希将事故的因果过程概括为 5 个因素：遗传及环境，人的缺陷，人的不安全行为或物的不安全状态，事故，伤害。这 5 个因素好像是一组“多米诺骨牌”，其中一张骨牌倒了，则将发生联锁反应，从而形象地描述了事故的因果关系。

第二次世界大战以后，人们逐渐认识到管理因素作为事故的隐含因素，在事故致因中起到了重要作用。人的不安全行为或物的不安全状态是事故的直接原因，必须加以追究，但是，它们只不过是其背后深层次原因的征兆和管理缺陷的反映，只有找出深层次的原因，改进企业管理，才能有效地防止事故。于是，伯德（F.Bird）在海因里希事故联锁理论的基础上，提出了现代因果联锁理论，将事故的因果过程概括为 5 个因素：管理失误，个人原因和工作条件，人的不安全行为或物的不安全状态，事故，伤害。

2. 能量意外释放论

1961 年，吉布森（Gibson）提出了“发生事故的物理本质是能量意外释放”这一理论，他认为，事故是由不正常或不希望的能量释放造成的，各种形式的能量是构成伤害的直接原因，因此，应该通过控制物质能量或控制能量载体的方法来预防伤害事故。

1966 年，美国运输部安全局局长哈登（Haddon）在吉布森研究的基础上，完善了能量意外释放论，并提出“人受伤害的原因只能是某种能量的转移”，他认为，在一定条件下，某种形式的能量是否导致人员的伤害事故，主要取决于能量的大小，接触能量的时间长短、频率和集中程度。根据能量意外释放论，可以利用各种屏蔽来防止意外的能量转移，从而防止事故的发生。

3. 轨迹交叉论

海因里希曾经调查了美国 7.5 万起工业伤害事故，发现事故致因是人的不安全行为或物的不安全状态，前者为主要致因的事故占 88%，后者占 10%，没有一起事故是两者共同引起的，因此，海因里希得出的结论是：几乎所有的工业事故都是人的不安全行为造成的。后来，这种观点受到了许多研究者的批判，越来越多的人认识到，一起事故的发生除了人的不安全行为以外，一定存在着某种物的不安全状态。斯奇巴（Skiba）指出，生产操作人员与机器设备两种因素都对事故的发生产生影响，并且机器设备的危险状态对事故的发生作用更大，他认为，只有当两种因素同时出现时才能发生事故。实践证明，消除生产作业中物的不安全状态，可以大幅度地减少伤害事故的发生。例如，在发明车辆自动连接装置以前，美国铁路车辆的连接主要靠手动制动过程中人工穿销的方法，每年都有数百名铁路工人伤亡于车辆连接作业事故中。企业老板将事故的责任归因于工人的操作错误和注意力不集中。后来，制定了美国铁路安全法，规定所有的车辆必须安装自动连接装置，从而使车辆连接作业中的伤亡事故大大减少。

轨迹交叉论认为，在事故发展进程中，人和物的因素在事故致因中占有同样重要的地位。人和物运动轨迹的交点就是事故发生的时空点，即人的不安全行为和物的不安全状态发生于同一时空点，或者说，人的不安全行为和物的不安全状态的时空线相遇时，将发生事故。因此，按照该理论，可以通过避免人和物两种运动轨迹的交叉，即避免人的不安全行为和物的不安全状态同时、同地出现，来预防事故的发生。当然，在实际中，由于技术、经济等各种条件的限制，想要完全杜绝生产过程中的危险因素是不可能的，同时，在许多情况下，人和物两种因素又互为因果，还可能导致新的不安全因素出现。因此，实际的事故并非简单地按照人和物的两条轨迹进行，而常常呈现出十分复杂的因果关系。为了有效地防止事故发生，必须同时采取措施，消除人的不安全行为和物的不安全状态，另外还要努力减少和控制其他不安全因素。

由以上论述可知，轨迹交叉论的基本思想是：伤害事故是许多相互联系的事件顺序发展的结果，这些事件概括起来不外乎人和物（包括环境）两大发展系列，当人的不安全行为和物的不安全状态在各自发展过程中（轨迹），在一定时间、空间上发生了接触（交叉），能量转移于人体时，伤害事故就会发生，而人的不安全行为和物的不安全状态之所以产生和发展，又是受多种因素作用的结果。

（四）系统安全理论阶段

随着科学技术的发展，技术装备日趋复杂，事故发生日益频繁，人类受到的安全威胁愈发严重，传统的安全工程知识满足不了安全工程的需求，人们不得不在传统安全工程技术的基础上，寻求预测、预防和控制事故的方法和对策。

20 世纪 50 年代，系统工程开始发展，对安全工程产生了巨大的影响，使人们认识到，除了硬件缺陷导致事故以外，还存在着其他造成事故的因素，诸如产品的危险特性、人为差错、异常环境和管理缺陷等因素，以及这些因素的综合，因此，促使人们以系统工程的观点来进行安全分析与评价。系统安全工程研究、解决的主要问题是：如何控制和消除人员伤亡、设备财产损失；在规定的功能、时间、成本条件下，如何实现系统中的损失最小。在实际实施过程中，通常是通过对系统危险性的研究，并以危险性的大小来衡量系统的安全性，实现系统的安全识别，分析、预测和评价系统中的危险性，消除和控制系统中的潜在危险。20 世纪 50 年代以来，人们将系统工程应用于安全领域，形成了系统安全工程的原理和方法，对系统和生产过程中的危险进行识别、分析、评价和预测，并根据其结果进行决策，采取各种安全措施予以控制或消除系统中潜在的危险因素，使事故发生的可能性和严重程度减少到最低，从而使系统达到最佳的安全状态。

在事故致因理论方面，人们结合信息论、系统论和控制论的观点、方法，提出了一些有代表性的事故理论和模型，从而进入系统安全理论阶段。系统安全理论阶段的事故致因理论就是以系统工程的观点来研究安全事故致因的理论，它是系统安全工程理论的重要组成部分。系统安全理论中的事故致因理论简称为事故致因系统论，其主要包括：危险系统论、人因系统论、事故致因变化论和事故致因混沌论等。

1. 危险系统论

危险系统论认为，系统中存在的危险（危险源和危险因素）是事故发生的根本原因，是导致事故发生的潜在不安全因素。系统安全工程的基本任务就是辨识系统中的危险源和危险因素，采取措施消除和控制危险源和危险因素，把发生严重后果（事故）的可能性降至最低，使万一发生事故时所造成的伤亡和损失最小。

2. 人因系统论

人因系统论的核心是研究人与其工作之间相互关系的理论，该理论详细说明了这种关系中人的心理逻辑过程，重要的是与感觉、记忆、理解、决策有关的过程，并指出事故将要发生时的状态特性。

1969 年，瑟利（J.Surry）提出了一个人因系统模型，该模型以人对信息的处理过程为基础，描述事故发生的因果关系。这种理论认为，人在信息处理过程中出现失误，从而导致人的行为失误，进而引发事故。与此类似的理论还有 1970 年的海尔（Hale）模型，1972 年威格里・沃思（Wiggles Worth）的“人失误的一般模型”，1974 年劳伦斯（Lawrence）提出的“金矿山人失误模型”，以及 1978 年安德森（Anderson）等人对瑟利模型的修正，等等。

上述这些理论均从人的特性与机器性能和环境状态之间是否匹配和协调的观点出发，认为机械和环境的信息不断地通过人的感官反映到大脑，人若能正确地认识、理解、判断，作出正确决策和采取行动，就能化险为夷，避免事故和伤亡发生；反之，如果人未能察觉、认识到所面临的危险，或判断不准确而未采取正确的行动，就会发生事故和伤亡。由于这些理论把人、机、环境作为一个整体（系统）看待，研究人、机、环境之间的相互作用、反馈和调整，从中发现事故的致因，揭示出预防事故的途径，所以，可将它们归并入事故致因系统论。

3. 事故致因变化论

动态和变化的观点是现代事故致因理论的又一基础。1972 年，本尼尔（Benner）提出了在处于动态平衡的生产系统中，由于“扰动”（Perturbation）导致事故的理论，即 P 理论。此后，约翰逊（Johnson）于 1975 年发表了“变化—失误”模型，1980 年诺兰茨（W.E.Talanch）在《安全测定》一书中介绍了“变化论”模型，1981 年佐藤音信提出了“作用—变化与作用联锁”模型。

这种理论认为，一切事物都在不停地运动和变化，工业生产过程中的诸要素也在不停地变化，事故的预防也要适应变化的形势。如果管理者不能及时地适应变化，则将发生管理失误；操作者不能及时地适应变化，则将发生操作失误；外界条件的变化也会导致设备等故障，进而造成事故。尽管人们对事故致因的认识有所不同，在不同的历史阶段出现不同的事故致因理论，但都认为事故是在一系列变化中产生和发展的，各种变化对事故起着重要的作用。按照变化的观点，发生人的失误和物的故障都与变化有关。例如，新设备经过长时间运转会逐渐磨损、老化而发生故障；正常运转的设备，由于运转条件突然变化而发生故障等；在安全管理工作中，变化被看作是一种潜在的事故致因，应该尽早发现并采取相应措施。

事故致因变化论认为，事故的过程包含着一系列相继发生的事件，由于行为者不能适应“系统外界影响的变化”（称之为“扰动”），使系统动态平衡过程遭到破坏而造成事故，这就是事故的扰动理论。

4. 事故致因混沌论

对于大型、复杂的系统，由于各元件、部件之间以非常复杂的关系相连接，是一个开放性的非线性系统，致因因素之间存在着相互交错的非线性关系，事故的发生过程是一个非线性的混沌过程，这种事故致因混沌论也是事故致因系统论的重要观点之一。人是生产系统中重要的组成元素，人的意识在系统运行过程中起着非常重要的作用。系统未来的不安全状况对系统的初始条件有敏感的依赖性，初始条件的细微变化将导致系统截然不同的状态，因而系统本质上是不可能长期精确预测的，从安全管理角度上来说，系统条件的微小变化都可能引起事故，甚至灾难性的后果，事故的发生是由许多人为失误、物的故障、异常环境和管理缺陷等相互复杂关联、非线性作用的结果，从而使系统的状态呈现多样性和动态复杂性，因此，在预防事故时，必须弄清楚事故致因因素之间的相互关系，才能采取恰当的措施，而不是相互孤立地控制各个单独因素。如何预见系统的未来状态，进行合理的事故致因分析，并采取安全有效的措施，达到预期的安全目标，是安全管理研究面临的重大课题。

项目小结

本项目介绍了轨道交通行业的安全、危险、事故等基本概念，旨在使读者对轨道交通运营安全的特点及影响因素有所了解，本项目的知识体系结构如图 1-3 所示。

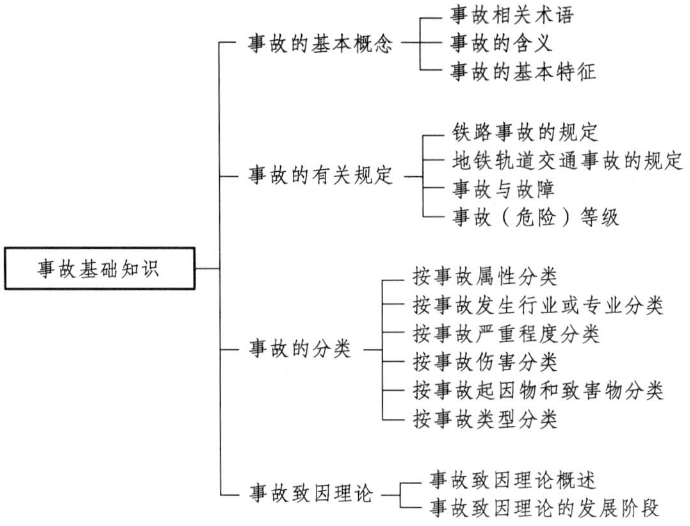

图 1-3 “事故基础知识”体系结构示意图

思考训练

1. 阐述事故的基本特征。
2. 结合事故的概念，列举出 1 ~ 3 例你所知道的铁路行车事故。

项目二　轨道交通人因事故

英国铁路事故调查局在对近几年英国轨道交通事故原因的调查分析中发现，事故的主要原因中人为因素占 30%，次要原因中人为因素占 37%，潜在因素中人为失误也占到 32%的比例。我国对某车站近 30 年来的行车事故进行的统计分析也表明，人为因素是导致城市轨道交通运营事故发生的主要原因，其引发事故的比例为 51%。随着高速列控系统的发展，云计算、大数据、智能驾驶等新技术不断引入，从之前的人工操作到全自动驾驶，不仅改变了作业者的操作习惯，同时数字化人机界面意味着大量的信息，信息的显示特征和显示方式影响着作业者的认知模式，所以产生了新的人因危险源。因此，未来智能高速轨道交通将围绕全生命周期的一体化管理，协调解决好人和智能建造、智能装备、智能运营、AI 平台等技术体系之间的关系，构建新一代高速轨道交通系统。

“大国工匠”岁昭强

微课视频：轨道交通人因事故基础知识

任务一　人因事故概述

一、人为因素概述

（一）人为因素相关定义

人为因素通常是指与人有关的任何因素。国际上通用的定义是：人为因素是通过系统应用人的科学，在系统工程的框架中优化人与其活动的关系。而人的科学主要研究人的机体和本性、人的能力和极限以及人在单独工作与团队工作时的不同行为。

人为因素的研究目标是将与系统有关的人的能力、限制和特征应用到系统或产品的设计、使用和维护方面，使系统或产品更加安全、有效和适用。人为因素在航空领域的应用十分广泛，如飞机各类仪表的优化设计、飞机座舱的优化设计等，可以改进视界，降低事故率；飞机客舱的设计使旅客乘坐更舒适等。其实，几乎所有用于为人服务或为人使用的系统和产品都可以用人为因素的理念来进一步改善。

（二）人为因素的发展史

人为因素起源于20世纪初期的欧洲，但是其作为一门独立的学科形成于美国却只有50多年历史。人为因素在不同国家有不同的名字，例如，美国称为人为因素，西欧称为工作规律学，英国称为人体工程学，日本称为人间工学，中国称为人机工程学或人类工效学等。但其研究内容基本一致。人为因素的发展史大致经历了三个阶段：孕育阶段（20世纪前期至第二次世界大战）、成长阶段（第二次世界大战至1960年）、发展阶段（1960年至今）。

1. 孕育阶段——对劳动工效的苛刻追求

早在石器时代，人类就学会了选择石块打制成各种工具，从而产生了原始的人机关系。此后，在漫长的历史岁月里，人类为了扩大自己的工作能力、提高自己的生活水平，不断地研究制造各种工具、用具、机器及设备等。但是，在这个过程中却忽略了对自己制造的生产工具与自身关系的研究，于是导致了工具使用的低效率，甚至对自身的伤害。

19世纪末，人们开始采用科学的方法研究人的能力与其使用工具之间的关系，从而进入了有意识地研究人机关系的新阶段。这一阶段大致从19世纪末到20世纪30年代。在人与工具的关系以及人与操作方法的研究方面，最具影响力的人物要首推现代管理学的先驱泰勒（F. W. Taylor）。1898年泰勒进入美国的伯利恒钢铁公司后，对铲煤及矿石的工具铁锹进行了研究，找到了铁锹的最佳设计以及每次铲煤及矿石的最适合重量；同时，泰勒还进行了操作方法的研究，通过剔除多余的不合理动作，制定出最省力且高效的操作方法和相应的工时定额，大大提高了工作效率。1911年，吉尔伯勒斯（F. B. Gilrcth）夫妇通过快速拍摄影片，详细记录工人的操作动作后，对其进行分析研究，将工人的砌砖动作进行简化，使砌砖速度由原来的120块/小时提高到了350块/小时。泰勒和吉尔伯勒斯的这些重要研究影响重大，后来成为人机工程学的重要分支，即“时间与动作的研究”的主要内容。现代心理学家闵斯托博格（Hmunsterber）在1912年前后出版了《心理学与工作效率》等书，提出了心理学对人在工作中的适应与提高效率的重要性，孕育了人因工程学的思想萌芽。到了20世纪20年代，心理技术学传入中国。该阶段人机关系研究的特点是：以机器为中心进行设计，通过选拔和训练，使人适应于机器。这一时期的研究成果为人机工程学学科的形成打下了良好的基础，但是由于机器进步很快，使人难以适应，因此这一阶段存在大量机器伤害人类身心的问题。

2. 成长阶段——第二次世界大战中尖锐的军械问题

第二次世界大战期间，由于战争的需要，军事工业得到了飞速发展，武器装备变得空前庞大和复杂。此时，完全依靠选拔和训练人员已无法使人适应不断发展的新武器的性能要求，事故率大量增加。例如，由于战斗机中座舱及仪表位置设计不当，容易造成飞行员误读仪表和误用操纵器而导致意外事故，或由于操作复杂、不灵活或不符合人的生理尺寸而造成战斗命中率低等。

据统计，美国在第二次世界大战期间发生的飞机事故中，90%是由于人为因素造成的。人们逐渐认识到，只有当武器装备适应使用者的生理、心理特性和能力限度，并且考虑环境因素时，才能充分发挥其高性能，避免事故的发生。于是，对人机关系的研究，从“人适机”转入“机宜人”的新阶段。从此，工程技术才真正与生理学、心理学等人体科学结合起来。

第二次世界大战结束后，人机关系的研究成果开始广泛应用于工业领域。1949 年，英国成立了第一个人机工程学研究组。1950 年 2 月 16 日，在英国海军部召开的会议上通过了“人机工程学（ergonomics）”这一名称，正式宣告人机工程学作为一门独立学科的诞生。

1949 年，阿尔方斯·查帕尼斯等人出版了《应用实验心理学——工程设计中的人因学》一书，总结了第二次世界大战期间的研究成果，系统地论述了人机工程学的基本理论和方法，为人机工程学奠定了理论基础。1954 年，伍德森（W.B.Woodson）发表了《设备设计中的人类工程学导论》。1957 年，麦克考米克（E.J.McCormick）出版了《人类工程学》一书，该书相继被美国、欧洲一些国家和日本等国作为大学教科书广泛采用。在这一阶段，德国、美国先后成立了人机工程学会，德国的马克思-普朗克协会人类工程学研究所、英国的劳动技术学院、美国的哈佛大学等都开展了不少人机工程学方面的研究工作，人机工程学原理也为许多工业设计师所采用。

这一阶段的一些重要事件包括：

1949 年 7 月，研究人机关系的人类工效协会在英国成立，第一本有关人机关系的书《应用实验心理学——工程设计中的人因学》出版。

1957 年 9 月，美国政府出版周刊《人的因素学会》，建立了人为因素学会，后并入国际人类工效学协会。

1960 年，国际人类工效学协会成立。

这一阶段与孕育期对比，人为因素的学科思想完成了一次重大的转变：从以机器为中心转变为以人为中心；强调机器的设计应适合人的因素；对人机关系的研究，从使人适应机器转入到了使机器适应人的新阶段。

3. 发展阶段——向民用品等广阔领域延伸

这一阶段，人为因素的学科得到了广泛发展，主要表现在以下方面：

（1）应用领域范围越来越广泛。扩展到社会的各行各业，包括人类生活的各个领域，如衣、食、住、行、学习、工作、文化、体育、休息等各种设施用具的科学化、宜人化。

（2）研究领域不断扩大。在科学领域中，由于控制论、信息论和系统论等的建立，给人因工程学提供了新的理论和新的实验场所，同时也给该学科的研究提出了新的要求和新的课题，从而促使人因工程学进入了系统的研究阶段。研究领域扩大到人与工程设施、人与生产制造、人与技术工艺、人与方法标准、人与生活服务、人与组织管理等要素的相互协调适应上，即已不限于人机界面的匹配问题，而是把人—机—环境系统作为一个统一整体来研究，以创造出最适合于人操作的机械设备和作业环境，使人—机—环境系统相协调，从而获得系统的最高综合效能。

二、事故的人为原因

事故的人为原因，是指人的不安全行为，即能够造成事故的人为错误或人为失误。生产中发生的各类事故，究其原因，不管是直接原因还是间接原因，都与人的不安全行为，即与人的失误或与人的因素有关。例如，人的失误可以导致物的不安全状态，也可能出现管理上的缺陷或失控，还可能形成事故隐患并触发事故隐患成为事故。

人之所以成为发生事故的原因之一，是由于人与人之间存在着差异，有时这些差异还会很大。但是，对于这种简单而又明显的现象，反而常常被忽视。产生人的差异的因素很多，下面简单归纳出几项：

（1）身体因素。人的身体高矮、智商高低、反应快慢、视力强弱、听力好坏、辨色能力等差异，都是由生物学所决定的，这是属于先天性的范畴。

（2）社会因素。人，不仅是一个单纯的自然的人，而且还是一个处在特定历史条件下的社会人。由于每个人的经历、所受的教育程度和处境不同，所积累的经验、教训、技能、观念等也不尽相同。政治、经济、道德、法律、准则、教育、家庭都是引起人的差异的因素，这是属于后天性的范畴。

（3）家庭内在因素。人的饮食、药物、疲劳、疾病等因素，也会在或长或短的时间内引起人的差异或行为不同。

（4）生物节律的因素。人的生物节律周期性的变化，同样也会引起人的差异以及人的本身在不同时间和年份上的差异。

（5）心理因素。从人的安全心理学观点来看，人的行为来自于动机，而动机又产生于需要，并促成实现其目的的行为的发生。心理反应与客观实际相结合的程度越高，则人的行为的安全可靠性就越高；反之，则越不安全。事故发生时，当事人的心理过程是不完全一样的。据不完全统计，常见的不正常心理状态有以下几种：

① 盲目自信。这种人通常自以为有经验，误认为自己的行为绝对安全可靠。

② 虽然知道危险存在，但对危险的程度认识不足。

③ 根本不知道已经存在的危险。

④ 安全生产的思想意识差，不考虑是否有危险。

⑤ 凭经验办事，自以为工作简单或有经验。

⑥“随大流”或凭侥幸心态去应付危险或事故隐患。

三、人因事故形成原因

在对人因事件的分析中，事件的直接原因较易找出，但其内在的根本原因却不容易被发现。导致人因失误的基本因素主要包括以下几大方面（见图 2-1）：

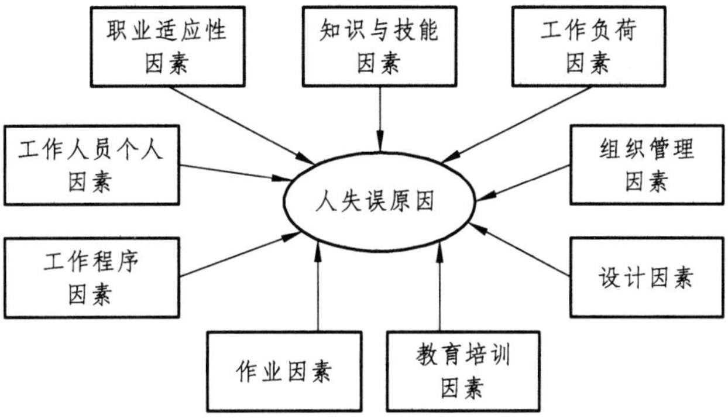

图 2-1 人因事故形成原因

（1）职业适应性因素。作业人员在生理、认知能力、心理、性格等方面不符合岗位要求。解决这一问题的方法在于通过科学合理的人员选拔，保证工作人员（尤其是与安全重要相关的特殊岗位人员，比如列车司机）的职业适应性因素情况满足岗位需要。

（2）知识与技能因素。从业者的专业知识与实际操作技能的好坏直接影响系统的安全运行。规程与操作技能的熟悉程度直接影响工作速度和操作成功率；专业知识的缺乏将直接影响从业者对系统的认识与规程的理解，尤其是当事故状态超出规程的覆盖范围状况时，作业人员的知识将决定其对事故状态的判断和操作行为的决策，并决定事故控制处理的成败。

（3）工作负荷因素，包括不恰当的工作负荷（包括体能、心理应激水平、信息输入/输出数量和速率、精神状态等因素）和员工职业健康状况不满足工作要求。

（4）工作人员个体因素，包括疲劳、不适应、注意力分散、工作意愿低、记忆混乱、期望、固执、心理压力、生物节律影响、技术不熟练、推理判断能力低下、知识不足等。

（5）组织管理因素。没有健全的安全生产制度并得以实施，劳动组织不合理，安全文化没有形成，组织及班组无凝聚力、沟通不够，激励机制不良等因素均对人因失误构成影响，从而成为人因事故的主要诱因。

（6）设计因素，包括操作器/显示器的位置关系、组合匹配、编码与分辨度、操作与应答形式等的合理性差，信息的有效性与易读性差，反馈信息的有效性差。

（7）作业因素，包括时间的制约、对人机界面行动的制约、信息不足、超负荷的工作量，环境方面的压力（噪声、照明、温度等）。

（8）工作程序因素，包括错误规程、指令、不完备或矛盾的规程、含糊不清的指令。

（9）教育培训因素，包括安全教育不足、现场训练不足（操作训练、创造能力培养训练、危险预测训练等），基础知识教育不足，专业知识、技能教育不足，应急规程不完备，缺乏应付事故的训练。

四、人因事故的基本特征

人存在若干内在的弱点。这主要来自于两个方面：

（1）机体生理界限，包括体力、反应速度和精度、生物节律以及对外部环境变化的容许界限等。人作为一种现实的生物机体不可能随心所欲、完美无缺。

（2）主体的意识界限，包括主体内部意识和动机、期望，实践基础上的感知（如记忆、想象、思维），在环境条件下的情感，对感知的提炼和把握规律性的能力，以及对自我行为的规划能力等。人作为一种现实的“反映意识体”，与机体的生理界限和客观事物的真实性具有镶嵌性和背离性，认识上的弱点总是客观的。

人的生理、心理、社会、精神等特性的并存，导致了人的复杂性、灵活性、适应性和可塑性，也决定了人在不同条件下行为的难以控制性、不确定性和随机性，并且其失误机理的复杂性远远超过了机械、电子设备，使得对人因失误的辨识和预防比硬件要困难得多。

人的失误就倾向性而言，与机器有一定的相似。人的失误一般具有以下特征：

（1）人的失误的重复性。人的失误常常会在不同甚至相同的条件下重复出现，其根本原因之一是人的能力与外界需求的不匹配。人的失误不可能完全避免，但可以通过有效手段尽可能地减少。

（2）人引发失误的潜在性和不可逆转性。大量事实说明，这种潜在的失误一旦与某种激发条件相结合就会酿成难以避免的大祸。

（3）人的失误行为往往是情景环境驱使的。人在系统中的任何活动都离不开当时的情景环境，硬件的失效、虚假的显示信号和紧迫的时间压力等联合效应会极大地诱发人的不安全行为。

（4）人的行为的固有可变性。这种可变性是人的一种特性，也就是说，一个人在不借助外力的情况下不可能用完全相同的方式重复完成一项任务。

（5）人的失误的可修复性。人的失误会导致系统的故障或失效，然而也有许多情况说明，在良好的反馈装置或冗余条件下，人有可能发现先前的失误并给予纠正。

（6）人具有学习的能力。人能够通过不断学习来改进自己的工作绩效，适应环境和工作需要，在这一点上人明显优于机器。

基于人因失误的上述特征，使得分析研究人因失误的根本原因、寻求人因事件的防范策略、提高系统安全可靠性成为可能。

任务二　轨道交通人因事故

一、轨道交通人因事故的定义

轨道交通系统本身就是一个复杂的人机系统，诱发交通突发事故的不确定因素涉及人员、天气、环境、车辆、信号、电气、危险源等多方面，而人占据主导地位，人员在轨道交通事故的发生中既可以有正面的影响，也可以有负面的影响。例如，检修作业人员在设备维护时，及时发现事故隐患并将其消灭在萌芽中，便有效地防止了因设备故障引发的突发事故；列车调度员在负责列车调度工作时，下达错误调令可能会导致列车相撞。

轨道交通人因事故是指轨道交通领域中的列车司机、调度员、机械师、站务员等专业岗位人员，在为实现某种作业目的而采取的行动过程中，由于人为原因导致列车活动暂时或永久停止的一种偶然事件。这种事故的发生是与人员意志相违背、非主观意愿的一种意外事件。这类事故的发生都具有明显的因果性、偶然性、必然性和规律性，即事故的发生与其他现象之间有着直接或间接的关系，一个看似偶然的事故背后，终究是各种因素相互交织导致的结果。

二、轨道交通人因事故的形成和发生原因

人因事故的发生经历三个阶段，第一个阶段即事故预警阶段，在该阶段若能及时发现事故预警并解除事故隐患，则可以有效防止事故的发生；第二个阶段是事故爆发期，事故的爆发是在第一阶段未有效解除事故隐患的特定情境下，由人的不安全行为触发导致，在该阶段中必须采取有效的应急处置措施；第三个阶段是事故发生后，对事故进行评估、善后处理。因此，城市轨道交通人因事故的发生过程可表示为：城市轨道交通系统固有的危险隐患在特定的情境下通过人的不安全行为诱发而导致事故发生。

在轨道交通运营过程中，由人误行为导致的人因事件种类有很多，而人误行为的产生受到周边环境的变化、设备的不安全状态、作业人员自身状态、班组成员之间的失误以及组织管理的缺陷的影响，且它们之间相互关联。轨道交通人因事故致因原理如图 2-2 所示。

轨道交通人因事故的形成和发生原因有以下几方面：

（1）环境因素。自然环境的变化会引起作业人员一系列的不良心态，强风、雷电、暴雨、冰雪、地震等恶劣的天气环境同时也会影响到轨道交通的工作环境。轨道交通本身的工作空间相对狭小封闭、人员密度较高，而不良天气可能会使这一情况更加突出，如突发大客流，可能会导致人员踩踏等事故发生。如果轨道交通系统通风排烟系统性能较差、采光照明不良、排水设计及防水效果较差以及班组成员之间的关系不融洽，也会造成人因事故的发生。

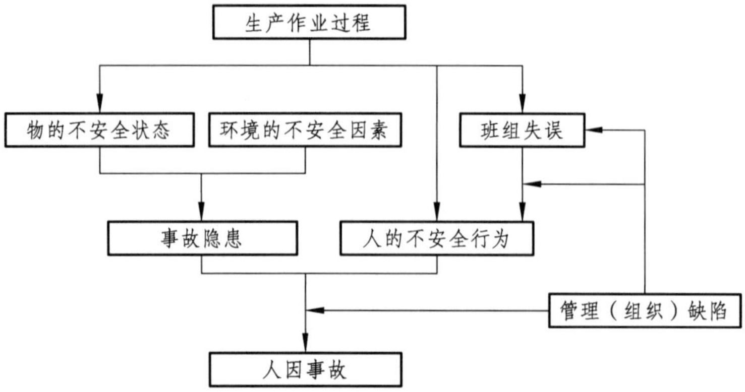

图 2-2　轨道交通人因事故致因原理

（2）设备因素。轨道交通基础设施设备的状态对人因事故有很大影响。设备的维修与养护是至关重要的，如果设备突发故障，可能会因作业人员错过事故预警，或发现预警信号，但由于突发事件造成心理紧张，从而导致不安全行为发生。如果检修人员没有发现设备的潜在隐患，则会加剧设备突发事故的情况发生，且设备自身固有的危险源是随着生产过程而产生的，并受作业方式、作业时间、技术条件等因素的影响。

（3）人为因素。在城市轨道交通系统中，人是这一人机系统中唯一具有主观能动性的主体，人（工作人员与乘客）的不安全行为是造成人因事故的诱发条件。人的不安全行为引发设备故障、组织管理上存在缺陷、班组成员之间的合作出现问题，这些都有可能成为事故隐患。

（4）班组因素。在城市轨道交通系统中，一项作业通常是由班组成员集体完成的，那么班组成员的合作质量对作业的高效、准确完成具有很大的影响，如果班组成员之间合作不融洽，缺乏相互理解、沟通以及监督，将直接影响到作业进程，甚至产生错误流程，从而引发人因事故。

（5）组织管理因素。组织管理存在缺陷可能会导致班组之间合作不协调、人员专业素养不足、作业技能缺乏，这会间接导致人因事故的发生。城市轨道交通系统管理缺陷主要有：技能培训不足、安全教育不充分、设备维护管理不到位、组织机构设置不当、任务或时间（白班、夜班分配不合理）分配不完善等。

三、人因事故分析的必要性

统计数据表明，轨道交通领域的人因事故达到了 75%以上，包括碰撞、脱轨、铁路道口等事故，如表 2-1 所示。

人因分析对人机系统的设计、评价以及对系统的可靠性、安全性有着越来越重要的贡献。然而，由于人本身的特性极其复杂以及人对这些特性认识的局限性，人因分析的理论、方法、技术尚不完善，面临诸多亟待解决的难题。但无论怎样，人因分析是一门极富生命力、正在蓬勃发展的学科，它将在为现代社会作贡献的过程中得到逐步完善。

表 2-1　轨道交通领域人因事故比例

事故类型	不良事件类型	数量	比例	
碰撞	人为失误	1	1.12%	28.2%
	技术故障	3	4.67%	
	环境侵入	5	6.25%	
	人为失误+技术故障	2	2.41%	
	人为失误+环境侵入	9	11.34%	
	技术故障+环境侵入	2	2.41%	
	人为失误+技术故障+环境侵入	0	0	
脱轨	人为失误	2	2.59%	32.1%
	技术故障	13	16.63%	
	环境侵入	6	7.72%	
	人为失误+技术故障	4	5.16%	
	人为失误+环境侵入	0	0	
	技术故障+环境侵入	0	0	
	人为失误+技术故障+环境侵入	0	0	
铁路道口事故	人为失误	0	0	19.2%
	技术故障	0	0	
	环境侵入	2	2.58%	
	人为失误+技术故障	0	0	
	人为失误+环境侵入	12	15.32%	
	技术故障+环境侵入	0	0	
	人为失误+技术故障+环境侵入	1	1.3%	
其他	16	16	20.5%	
合计	78	78	100%	

（一）人因失误是事故发生的主要原因

世界著名的可靠性专家、前国际电工委员会主席里昂·波多斯基博士，根据自己从事几十年系统可靠性研究的经验和体会指出：“没有任何不可靠的产品，只存在生产不可靠产品的人。”行为科学家的研究也证明，由于每个人的动机、目标和感知不同，人的行为有差异。但人的行为是有目的的、有导因的；人的行为是由大脑的感识、判断和指令支配而进行的；人的行为是靠“压力”推进的；人的行为是有一定的模式可供遵循的。因此，人类若能用科学的程序来指导自身的行为，就会使成功的概率大一些，失误的概率小一些。从大量人为因素“软故障”的案例中可以发现：人因失误不仅能造成故障事态扩大，而且会酿成联锁性衍生灾害。

（二）人的行为与事故发生有着复杂联系

一个活生生的人本身就是一个随机的复杂系统，由于人受大量的、多维的自身因素制约，人的行为的可靠性要比机电设备的可靠性低数百倍之多，所以应在定性分析的基础上建立人因失误行为的管理思维，即研究使劳动工具更适合人之特性的人体形态学，研究减轻劳动强度的人机动力学，研究改善劳动者工作环境的人机环境学，研究改善人机关系、协调人机界面的人机信息学等。不仅要设计出最符合人体操作的机器、最适合手动的工具、最方便使用的操纵器、最醒目的控制盘、最舒适的座椅等硬件设施，更重要的是要设计出人机管理工程、安全评价系统工程、最优化对策等软件保障体系并建立可靠性意识文化。

人的可靠性研究的意义在于尽力控制人的不安全行为和提高生产设备的可靠性，从而消除事故。安全管理对于保持现代化生产的组织性和程序性有着至关重要的意义。在同一事故风险中，不安全行为是对规范的背离；从规范上来说，是对行为的失控。说到底，根本原因在于人本身。因此，安全管理应以人为中心、为主体。

（三）轨道交通系统是一个复杂的技术系统

随着轨道交通系统更加自动化，操作人员的工作由过去以“操作”为主变为“监视—决策—控制”，人因失误发生的可能性尤其是后果及影响变得更大了。系统更加复杂和危险，大量采用自动控制技术使得系统间的相互作用更加复杂、耦合更加紧密，同时使得大量的潜在危险集中在较少几个人身上（如中央控制人员）。因此，现代轨道交通系统采用了更多的防御装置，即为了防止技术失效和人误行为对系统运行安全造成威胁，普遍采用了多种类型的、冗余的安全装置，这些装置大大提高了系统的安全性。但另一方面，对这些安全装置的依赖性又降低了操作人员对系统危险性的警觉，而且这些安全装置仍可能由于人误行为而失效，因此安全装置也是系统的薄弱环节。

任务三　基于非技术技能的人因事故分类

非技术技能的研究始于 20 世纪 80 年代，最早用于航空事故分析。当前非技术技能的研究主要集中在航空和医疗领域。在航空领域，美国国家航空航天局通过事故分析发现，真正导致重大航空事故的并非操作与控制等技术性失误，而是缺乏情景意识、信息沟通错误等非技术技能。

英国罗伯特·戈登大学的工业心理学教授 Rhona Flin 说：“非技术技能是补充技术技能的，有助于安全有效地完成任务的认知、社交和人力资源技能。”

随着轨道交通系统自动化水平的不断提高，列车司机驾驶由原来的直接操纵逐步变为连续监控和应急决策与处理。因而，非技术技能因素的影响越来越显著。轨道交通的非技术技能是指不直接涉及列车控制、系统管理和标准操作程序的司机的态度和行为，主要包括认知和人际技能。大量的事故报告表明，司机缺乏有效的信息沟通和团队协作能力以及突发事件下正确的判断决策能力等非技术技能常常是造成列车事故的主要原因，司机非技术技能水平的高低也直接决定了列车能否安全、畅通地运行。

所以，基于非技术技能的轨道交通人因事故主要包括信息沟通、情景意识与决策、领导力以及自我管理四个方面。

信息沟通是不同的行为主体通过各种载体实现信息的双向流动，形成行为主体的感知，以达到特定目标的行为过程。

情景意识又称作处境意识，是列车工作人员在特定时段和特定情境中对影响列车运行的各种因素、各种条件的准确感知。简言之，情景意识就是列车工作人员对列车运行态势的认知，以及对列车即将发生情况的预测。

领导力并非单纯指领导的行政能力，而是指团队成员在职责范围内充分利用人力和客观条件，以最小的成本达成任务目标来提高整个团队的任务效率的能力。

自我管理包括两个方面，即威胁与差错管理以及工作负荷管理。威胁是指在系统运行期间应加以注意和应对的外部事件或差错，威胁可能来自列车工作人员本身，也可能来自列车乘客，包括不遵守规章制度、违反标准操作程序和政策以及背离乘务组、公司或地面信号指令或要求等。工作负荷是指工作人员在给定的行车时间内可以完成的工作量。

任务四　轨道交通人因可靠性

人因可靠性分析开始于 20 世纪 50 年代初期。H. H. Williams 在 1958 年指出，对系统的可靠性进行预测时，预测结果的真实性必须包含该系统中作业人员的人因可靠性。1975 年美国发布了世界上首份对核电站进行概率安全评价的报告，首次提出了在概率安全评价中应包含人因可靠性分析。在之后的几十年中，人们对人因可靠性的研究越来越重视，随着人因可靠性研究的快速发展，先后出现了多种人因可靠性（Human Reliability Analysis，HRA）研究方法并被广泛应用。

国外对轨道交通系统安全中的人因问题十分重视，早在 19 世纪六七十年代，BRRC（British Rail Research Center）就开始进行铁路系统人因可靠性研究，随后美国、意大利、日本等国也相继开展了相关研究，这为保证各国的铁路系统安全起到了重要作用。近年来，由于世界范围内高速铁路技术的飞速发展，大量新系统、新技术被广泛采用，铁路行车系统的人因问题再次成为研究的重点。2003 年在英国举行的第一届欧洲铁路人因学术会议，就是专门探讨铁路人因影响的重要学术会议，会议有 50 多篇论文涉及铁路人因问题研究，其中研究最多的是机车乘务员的警惕性与疲劳度识别、感知模型、鉴别能力及应对信号的行动力，调度中心控制人员的精神压力、工作负荷、协同作业能力等。

国外学者在相关领域的研究方法以采用传统的人因可靠性研究方法居多。F. Vanderhaegen 在 1999 年提出了人因事故分析方法（APRECIH），用来分析铁路行车系统中人因事故产生的后果，以此提出相应措施来提高系统的安全性，预防铁路作业人员出现人因事故。他通过一系列程序来对系统功能进行识别并对作业人员进行角色分析，最终认为有三种行为会造成人因事故，即获取信息上的失误、处理问题上的失误及行为上的失误。

A. Pasquini 推出了一种关于火车通过信号站点时的人因失误分析方法，通过对以往此类事故数据的调查分析（调查对象包括所有帮助列车司机执行此项操作的工作人员），在充分了解列车司机的具体操作流程的基础上对事故加以追溯分析，找出造成事故的具体原因，并提出相应措施来预防事故的发生。

2005 年，P. C. Cacciabue 提出了人因事故管理方法用于审查大型铁路系统的安全可靠性。该方法的目的是找出提高铁路服务安全可靠性的最有效途径。他通过识别一些关键指标的安全性和建立经常性安全检查矩阵，来分析铁路系统的安全水平并提出相关策略来提高铁路行车系统的安全性。该方法主要针对大型铁路管理系统的安全性分析研究。澳大利亚的 JohnR. Wilson 通过回顾 40 份铁路安全报告，提出了人的因素分析和分类系统（HFACS）来对澳大利亚铁路事故中的失误类型进行识别收集，经过统计分析得出的结论是：超过一半以上的事故是由于维修和检查工作不到位导致的，其他因素包括作业人员的疏忽、注意力不集中、警觉性降低和疲劳等，而组织管理上的不足被激发后往往会造成很大的事故。他还指出，每个事故的发生必定有一个是由组织管理不当的因素造成的。所以，铁路组织系统的资源管理、组织流程和组织氛围对安全性十分重要。

20 世纪 90 年代初，我国开始了对人因可靠性的研究。1993 年，侯文江等人针对铁路运输的失效进行分析，提出了控制人因失效的措施，如人的生物节律的有效监控、安全教育、调整人员、增加冗余环节等。赵鹏等人通过分析影响司机操纵可靠性的一些因素，按信息传递过程对司机的人因失误进行了总结，提出了严格进行司机人员的选拔工作、严格进行技术培训、严格执行规章制度、改善人机关系、加强管理、合理组织机车交路等措施来提高司机操纵的可靠性。谷鸿溪等则对铁路中的关键工种作业人员的可靠性建立分析模型和人因数据库。张殿业、戴明森等对机车乘务员的安全可靠性提出了采用生物学平台来测量乘务员的平衡稳定性，以此评价其安全可靠性的一套测试方法和评价模式。

赵跃、叶龙等人通过分析铁路调度系统中人的失误产生的原因，最后提出了相应的控制措施，指出人对信息的处理过程是一个极其复杂的“感知—选择—判断—决策—操作”过程，其中任何一个环节出现差错均能导致人的失误，其形式多样、原因复杂。

人的失误的根本原因有内因与外因，内因包括人的生理、心理因素及其相关的个性心理特征，外因主要是指外界环境因素的影响。人的生理及心理上的某些“弱点”是人的失误产生的根源。张伯敏提出以人机环境系统工程方法为依据，构筑完善的人机协调系统来最大限度地规避风险，确保铁路运输安全。

吴海涛等人详细研究了人因可靠性分析方法，以认知心理学、人因可靠性等理论为指导，采用解释结构模型、网络层次分析法、证据理论等方法构建了一套适用于高铁调度指挥人因失误辨识的分析方法。吴其刚等人将人因可靠性分析运用在铁路安全管理中，针对关键工种进行人因可靠性分析和作业人员的应力分析。郑龙、赵建印等人则对人的生理、心理、教育训练、驾车技能等因素对驾驶员可靠性的相关影响进行了探讨，分析了影响驾驶员的可靠性因素，研究了驾驶员的可靠性模型，提出建立有助于驾驶员可靠性分析研究的综合数据库。李娜等人在认知可靠性与失误分析扩展法的基础上，结合决策与实验室方法，计算了驾驶员在信号交叉口进行转向任务时引发的交通事故中的人因可靠性。

项目小结

本项目对城市轨道交通运营事故进行了分析，指出人因可靠性是造成事故的主要原因。介绍人因事故形成的 9 大原因，在此基础上分析人因事故的基本特征。本项目的知识体系结构如图 2-3 所示。

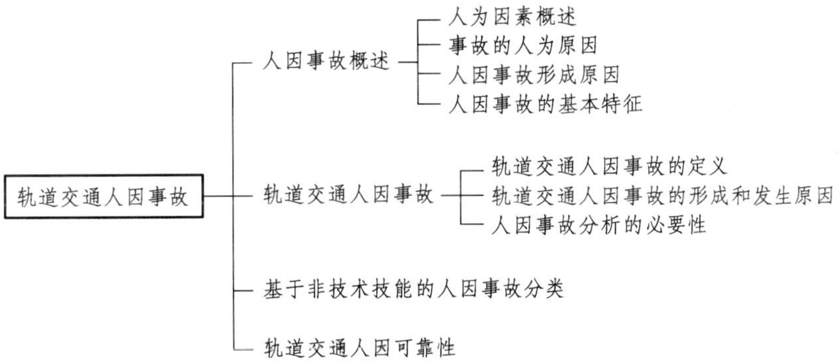

图 2-3 “轨道交通人因事故”知识体系结构示意图

思考训练

1. 设想若干日常生活中的场景，从人因角度出发，分组讨论人机系统的设计、评价以及系统的可靠性、安全性之间存在的矛盾。

2. 结合文中对于人因事故形成和发生的三个阶段描述，尝试提出相应的改善方法。

项目三　信息沟通交流事故分析

在航空领域，飞行安全是飞行员和乘务员的共同目标，而这个目标需要通过机组成员之间良好的沟通实现。飞机员不是万能的，有时候飞行员也意识不到危险的存在，这时客舱机组成员就应该发挥关键作用，及时、准确地向飞行机组提供关键信息。在医疗领域，医生和患者、医生和护士、麻醉医师和手术医生都需要进行良好、有效的沟通，以增加患者对医生的信任，才能高质量地完成手术，保障人民生命安全。同样，在轨道交通领域，乘务组和列车司机也是一个团队，共同完成列车运行安全目标，一旦出现任何可能威胁行车安全的情况和行为时，乘务员必须引起警惕，并立即向列车长和司机报告。

良好的沟通能力是行车人员的基本素养。

大秦铁路传奇（上）

任务一　信息沟通交流的概念

沟通是指人与人之间的信息传递和交流，目的是为了相互了解，协调一致，心理相容。车组交流是指以令人愉快和易于理解的方式相互交换信息、思维及情感的过程。车组交流中的信息传递必须借助于一定的符号系统才能实现，符号系统就是车组交流的工具。

符号系统可分为两类，即语言符号系统和非语言符号系统。运用语言符号系统进行的交流称为语言交流，而运用非语言符号系统进行的交流称为非语言交流。例如，口头语言和书面语言属于语言符号系统，利用这一符号系统进行的交流称为语言交流；面部表情、手势、体态变化等则属于非语言符号系统，即身体语言系统，利用这个符号系统进行的交流则属于非语言交流。有一些符号是大多数人共同使用并为大多数人理解的，而有一些符号则只为特定的人群所熟悉，称为专业术语。对于专业术语，必须仔细地考虑和谨慎地运用，以便在传递这些信息时能够被接收者理解并作出正确的反应。

例如，列车司机在工作时不仅需要操纵和驾驶列车，还需要及时发现列车运行中的问题，并与调度、综控室及其他工种人员沟通协作，当遇到突发事件时，在语言沟通方面要达成一致，避免因沟通失误而发生人为失误。因此，语言沟通因素与轨道交通行业的运营安全密切相关。

列车司机并非被动地接收外界信息，而是要主动地多方面地接收信息，并作出准确迅速的反馈，实时保障行车安全。因此，清楚、简要、准确的信息沟通是列车司机必须具备的非技术性技能。

一、信息沟通的意义

在列车行车过程中，信息的沟通非常重要，要求准确、及时。信息的沟通，也称信息的交流。信息的沟通有多种类型，有通信工具之间的信息交流，有人与机器之间的信息交流，还有人与人之间的信息交流。

从心理学角度来讲，信息沟通就是人们之间信息的交换，从而使人们互相理解。最简单的沟通形式就是一个人把信息传达给另一个人，比较复杂的沟通形式就是一个群体或组织的成员把信息传达给另一个群体或组织的成员。理解是对信息沟通成功与否的检验。如果信息被人理解，沟通就是成功的；反之，信息不能被人理解，沟通就是失败的。要协调一群人的活动，就必须有某种形式的沟通。

铁路运输由运输、机务、车辆、工务、电务等业务部门组成，也可以说是一个行车团队，要具备较强的准确性和连贯性，各业务部门之间必须协调一致，这就要求在运输指挥方面实行统筹安排，有效配合。一个群体或组织要协调一群人去达到某种目标，其目标必须被每个成员所了解，这就需要某种形式的沟通。缺乏这种沟通，则成了漫无目标，其成员也将是一盘散沙。因此，可以毫不夸张地说，所有的协调活动都是在一定的沟通网络中进行的，缺乏有效的信息沟通，就没有协调。所以，沟通首先是协调功能的基础。通过组织内部的沟通，可以了解各部门的生产和工作进度等信息以及各个部门之间的关系、各部门职工的士气、管理的效能等，从而作出如何协调的决定。

同时，沟通还是使组织成员的行为保持一致的工具。一致性行为为组织内部协调的持续稳定提供了前提条件。特别是当需要实现一个新目标、制定一项新政策、推行一种新策略，需要组织成员改变其态度和行为时，就得借助沟通来改变他们原有的态度，使他们愿意同组织管理部门合作。

良好的沟通还能建立和改善人际关系。沟通不仅能传递有关知识的信息，还能传递思想和感情的信息，促进职工之间感情的交融，使之心情舒畅，减少人际矛盾和冲突。

由此可见，信息的沟通与决策的关系十分密切。管理者是决策者，作为一个管理者，要作出一个良好的决策，必然需要大量的信息，这些信息有的来自团队内部，有的则来自于外界，要作出正确的决策就要依赖良好的信息沟通。忽视任何一方面的沟通，都会导致错误的决策或正确的决策不能贯彻执行。

二、信息传递及其失误

人的信息处理是一个复杂的感知、选择、判断、决策、操作的过程。人因失误往往也始于该过程。研究人的信息处理特性应考虑外界信号的获取、信息变换、信息取舍、记忆特性、影响信息处理的客观和主观因素等。现场运行人员的信息传递对象包括：接收上级的命令及向其汇报情况、接收相关专业人员的情况信息及向其通报本专业的情况、向下一道工序人员发布操作命令及听取其操作情况汇报、向下一班人员交代本班情况、从设备和环境中获取其他信息，如图 3-1 所示。

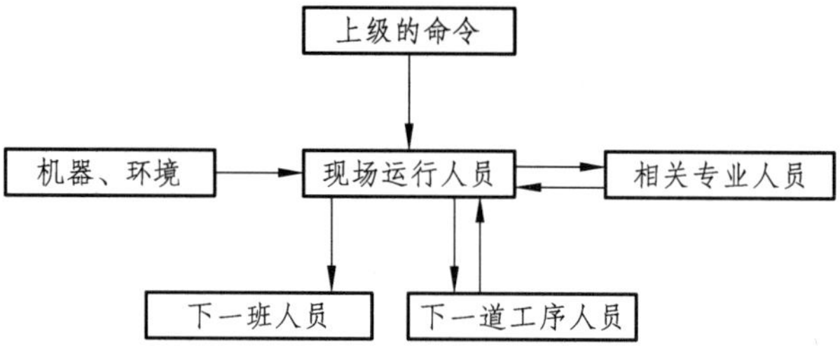

图 3-1　现场运行人员的信息传递对象

传递失误的现象主要有以下几个方面：

（1）作业信息未能正确地提供与传达。包括：未提供信息、未传递信息；内容不明确，易发生错误；表示的场所和传达方式不当，信息未能做到简明易懂；环境条件不良（光线暗、有噪声）；其他。

（2）认知与确认失误，感觉器官（耳、目）未接收到信息。包括：看到、听到别的信息；感觉器官与外界隔绝（如戴耳塞时）；感觉器官功能降低（老花眼、疲劳、困倦）。

（3）感觉错误（对长度、形状、距离、高度、速度等的判断失误或文字的误读）；错觉（静止灯的晃动）；仪器、仪表的刻度、文字等易读错。

（4）认识错误。包括：形状、颜色相似的排列易弄错；记忆错误。

（5）未认知（脱漏）。包括：因知识经验不足而脱漏信息；因时间紧迫、忙乱而未注意到重要信息；注意集中于别的东西；因作业单调枯燥，或因疲劳而引起意识模糊。

（6）未认识。包括：认为不需要确认；认为同伴已确认过；其他。

三、车组交流的过程

交流是一个过程，其中的每一个步骤都非常重要。交流过程始于交流的需要，即当某个车组成员根据当前所处环境，认为有必要且能够向其他车组成员交流信息时，才有可能发起一次交流。

发送者首先是形成需要传送的信息内容，然后确定怎样来传达这些信息，最后才是发送。接收者接收到信息后，在需要的时候，就会做出行动或者反应。而行动或者反应被发送者接收到时，可以将此作为一个反馈信息来检验原来的需要是否得到满足。反馈也同样需要较多的信息、思想以及情感，以便使交流继续下去，直至原来的需要得到满足。交流的过程如图 3-2 所示。

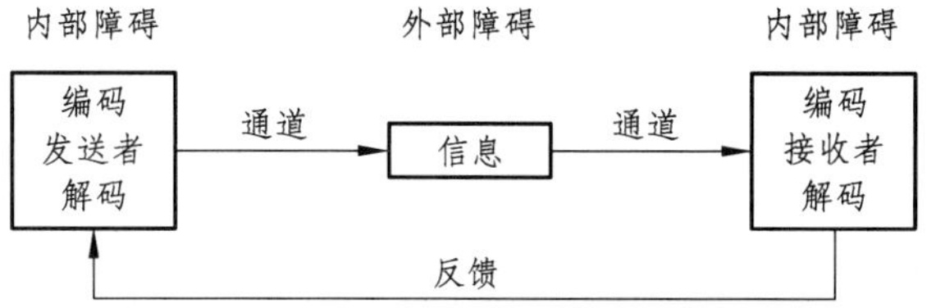

图 3-2　交流的过程

（一）发送信息

需要为开始交流提供了交流的动因。例如，当司机试图开始进行前方瞭望，并按规定显示手信号的准备时，他就有了让副司机也开始这一行动的需要，司机与副司机之间就有可能发起一次交流。交流也可能产生于副司机需要获得调度的进站许可时，但他必须获得调度的许可才能这样做。

发送者首先应系统地阐述所要传送的信息内容。包括：需要传送的信息量有多大；时间有多长；应该包括哪些内容；是否应该询问；是否应该告诉、澄清、表达某种反应或者进行操纵控制等。

信息发送的第二步是发送者必须对这些信息进行编码。这一过程决定了发送信息所要使用的传递媒介和将要传递的方向。例如，司机想要通知副司机到机车的最前方瞭望，并按规定显示手信号，他就需要在驾驶室内面对面地告诉副司机这一信息。此“面对面的口头告述”便是信息发送者所选取的交流媒介，而副司机则是信息发送的方向。与此类似，如果副司机需要获得调度的进站许可时，他也必须使用机载无线电来向调度表达这一想法。

信息发送的第三步是传递信息。这一步骤需要将信息输入已经选定的传播媒介中。司机对副司机说话的行为或者副司机按下无线电按钮对调度进行通话的行为便属于传递信息。

（二）接收信息

接收始于一个或者多个感觉器官。例如，通过视、听及触觉来觉察其他人员发送来的信息，从机载设备和环境中获取信息等。此时，接收者必须对接收到的信息进行解码，这是一个对信息赋予意义的过程。

接收信息的第二步是评估。当接收者理解了所有的信息，对这些信息赋予了特定意义，并对这些信息与其他信息发生冲突的可能性进行了评估之后，才能谈得上对信息的真正理解。

（三）反馈

交流的过程是一个闭环，通过这个闭环，信息在发送者和接收者之间进行交换，并通过反馈环节将信息传递回发送者那里。这个闭环一直要持续到接收者完全清晰地理解了所接收到的信息，并且发送者又已确认最初的需要得到满足之后。如果信息未能被理解、不能被顺利解释或这个信息不恰当或前后不一致时，接收者就需要采用反馈来予以进一步明确。这一过程可能会采取了解、确认、观察、提问、否认、回答、澄清或者解决冲突来进行。

（四）交流障碍

交流过程中任何环节的干扰都会削弱交流质量，出现交流困难。从信息源、信息加工过程到信息接收和反馈都会发生交流障碍。包括信息源物理位置、环境噪声、灯光、温度等影响交流的媒介障碍，以及信息加工过程中的编码、译码、智力、阅历、受教育程度、相关认知能力障碍等。

四、有效交流的“七C原则”

美国著名的公共关系专家特立普与森特在他们合著的被誉为“公关圣经”的著作《有效的公共关系》中提出了有效交流的“七C原则”，这七个原则对于机组交流同样具有重要指导意义，有效交流的“七C原则”是：

（1）可信性（credibility）：信息发送者在信息接收者眼中必须是可信赖和有能力的。

（2）环境（context）：信息传递者应给信息接收者提供让其感到舒适并吸引其参与的环境。

（3）内容（content）：信息内容必须是切题的，并且对信息接收者是重要并有意义的。

（4）清晰（clarity）：信息必须清晰，传递出的术语必须让信息接收者听懂，避免晦涩难懂的术语。

（5）连续性和一致性（continuity and consistency）：信息必须经常补充强化，并应在使用范围内部统一口径。

（6）途径（channels）：交流途径应该是接收者熟悉并且相关的。

（7）能力（capability）：信息必须适合于接收者的能力。

任务二　陇海线赵墩站货物列车险性事故案例分析

一、事故概况

2003年7月23日5时20分，陇海线赵墩—碾庄站区间上行线封锁施工。由徐州北机务段DF41894号机车牵引85066次货物列车（编组40辆，1451 t）本应在赵墩站停车，由于车站值班员错误办理行车许可，致使该列车于5时20分通过赵墩站，进入封锁区间，构成向封锁区间发出列车的险性事故（见图3-3）。

微课视频：陇海线赵墩站货物列车险性事故案例分析

图3-3 陇海线赵墩站货物列车险性事故

二、事故原因

经过调查，对于陇海线赵墩—碾庄站区间上行线施工情况，列车调度员需发布“区间封锁”调度命令，车站值班员应根据调度命令立即封锁区间，解挂区间封锁安全帽，直到通过控制台确认接车线路空闲或得到接车线路空闲的报告后，方可放进站信号接车。然而赵墩站车站值班员在作业中，自以为施工结束，区间内安全，未与列车调度员进行情况确认，盲目将列车放入封锁区间。同时，赵墩站助理值班员严重违反作业标准，在调度员发布命令后，不看、不问命令内容，就出去接车。最后，司机严重违章，他虽然已经接到命令和指示，但是既不询问该地段是否封锁施工，也不执行调度命令，违章进入封锁区间。最终还是调度员及时发现了列车违章行为，通过无线对讲系统向司机下达了停车命令，才没有导致更大的事故。

车站值班员没有严格执行“接发列车作业标准”是引发此次事故的直接原因，但是，值班员与调度员、司机没有进行有效沟通是最终导致险性事故发生的主要原因。

三、事故反思

通过本案例的分析，我们深刻体会到沟通、交流与行车安全的密切联系，列车调度员与车站值班员，车站值班员与司机都没有进行良好、有效、及时反馈的沟通，进而导致事故的产生。所以我们在进行沟通时，应注意下列交流要领：

（1）在发送信息时，应该做到以简明扼要、准确适时的方式传递信息。应该使用标准术语表达方式。规范信息以便使对方较为容易地接收和理解。

（2）在接收信息时，应该注意力集中，仔细倾听，保持开放的头脑并积极提供反馈。许多因素都会干扰或者阻碍交流，要能够识别这些障碍并对它们予以克服。

（3）反馈在克服交流障碍的过程中起着十分重要的作用。通过反馈可以使双方对交流的信息进行评估，觉察出哪些信息被顺利接收和理解了，哪些信息被遗漏了或者被错误理解了。反馈使交流过程能够得以继续下去，直到原来的需要被满足以及所有的信息被完全得到理解和利用。

（4）质询是一种特殊交流技能，是针对特定的处境要求获得观点、意见或建议的过程，包括提问、检查和调查。

（5）复述是促进交流的重要内容。

任务三　广州地铁 3 号线体西挤岔事故案例分析

一、事故概况

2007 年 2 月 9 日，广州地铁 3 号线 X202 信号机故障，行调排好了体育西机场线至林和西下行线的进路后，准备向 22 车司机发令，这时候林和西上行线 21 车司机开门后用车载电台报行调：“21 车在林和西站台停稳”，行调没有听清楚，也没有进行沟通确认，误以为是 22 车司机呼叫，本意是向下行的 22 车发令允许该车越过 X202 信号机蓝灯到广州东，但实际上向 21 车发布了复位 VOBC 的命令。21 车司机复诵“好的，复位一下 VOBC，行调允许越过林和西至体育西区间蓝灯”。请注意：行调和司机所说的行车命令内容根本不一致，双方均无沟通反馈确认，21 车司机错误接受命令后冒进信号机继续前行！司机发现 W304 道岔位置错误，但由于速度过快司机按压紧急停车按钮后，仍然造成在林和西上行开出并挤坏 W304 道岔事故（见图 3-4）。

微课视频：广州地铁 3 号线体西挤岔事故案例分析

图 3-4　广州地铁 3 号线体西挤岔事故

二、事故原因

此次事故中，行调和司机违反了《车务中心行车用语规则》。通话发起者没有表明自己身份以及信息接收者的身份，并且行调在与司机的通话过程中对列车车次和列车位置，没有与受令司机进行准确有效沟通。在发布调度命令过程中，司机复诵错误时，行调也没有监听到司机复诵的不对之处或者根本没有听清对方复诵，所以没有及时指出，导致了事故发生。所以行调与司机沟通的人为失误是最终导致挤岔事件的直接原因。

三、事故反思

通过本案例的分析，我们知道行调与司机在进行沟通时应注意：

（1）正常情况下，行调原则上不能通过全呼方式呼叫单个司机，如正常单对单的联系方式不能建立联系，确需使用全呼方式对单个司机进行呼叫时，必须确认受令者正确无误并回应后方可发布相关行车命令。

（2）行调在呼叫列车时，要使用“地点+方向+车次”的方式确认受令列车司机，在得到相应司机的回应后，再讲命令内容并请对方复诵，监听司机复诵正确后回复“复诵正确”，再发给行调代码。

（3）每一次通话的发起者确认接收者身份或信息接收者回应及确认发令内容时，均需以“请回话”作为继续通话的确认，行调及车站等相关行车岗位发布行车及相关安全指令时，需以“请复诵”作为继续通话的确认，当信息接收不清时应以“请复诵”要求信息发起者再次复述信息。

（4）通话发起者和接收者必须互相复诵，以达到让对方审核自己听到的信息的目的。

（5）通话双方必须认真核对对方复诵内容，严禁使用“明白”“好的”等词语代替复诵。

从人因角度分析，我们需要了解：

（1）下达命令应清楚且简明扼要，并且包括所有要点。沟通双方要交换信息、相互监督并建立共同目标。

（2）交流是双向的，倾听也是交流的一部分，是一项重要的交流“技巧”。积极的倾听会使你把注意力直接放在发言者所表达的信息上，从而在倾听其他人的讲话时获得完整的信息；同时，良好的倾听也更容易获得别人对信息的积极反馈，达到更好的交流效果。

（3）分享的信息应该真实，并且包括重要的信息点。在信息发送时，发出者应该清楚地表达以便所说的内容被听见和理解，要注意保持信息的简洁，以便使接收信息的人员有机会提出问题以确认信息。

（4）在接收信息时，回答应该清晰、简要并且真实。在收到信息时，应该积极向信息提供者确认重要信息，方法是解释信息以保证信息被正确理解，并积极反馈。

任务四　T358 次行车险性事故案例分析

一、事故概况

2001 年 1 月 16 日 6 时 06 分，T358 次列车（编组 18 辆，总重 1000 t，计长 42.8）到达长沙站 1 道停车。6 时 12 分左右，站台开车预告铃响，装卸人员仍在继续抢卸。6 时 20 分左右，助理值班员看到行包拖车已拖出站台安全线，但没有与装卸人员确认是否完成装卸作业，就按下了上行发车表示器指示按钮，6 时 23 分 T358 次列车起动开车。

列车起动开车后，装卸人员并未停止作业，慌忙中将最后 1 件行包落入股道旁，车下装卸工就近呼叫列车员停车，机后第 2 位车列车员听到呼叫后立即使用紧急制动阀，T358 次在列车起动开车 54 s、走行 92 m 后，于 6 时 24 分停车。掉下站台的行包为广州发长沙的汽车散热器，体积约 800 mm×400 mm×300 mm，质量 125 kg。行包落入股道旁后，将机后第 2 位 YZ25K45747 号车二位转向架的 2 位抗侧滚扭杆挤压弯曲 78 mm，经检查不能继续运行，作甩车处理，延误列车至 8 时 06 分开行，耽误列车 1 小时 52 分钟，构成行车险性事故（见图 3-5）。

图 3-5　T358 次行车险性事故

微课视频：T358 次行车险性事故案例分析

二、事故原因

经过事故原因调查，T358 次列车到达长沙站后，车站当班行李员到岗后由于急于下班，未与列车行李员沟通办理装卸行包交接，在装卸作业未完成、且未告知他人的情况下又擅自离岗，导致装卸作业无人交接、无人组织、无人监督，放任装卸作业人员违章乱干，违反了长沙站关于“开车铃响时行装作业应立即停止”的规定。在列车开车时刻已超过后，装卸人员既不按车站规定及时与助理值班员联系，又不顾及列车发车信号已开放，继续抢卸行包。在场的车站主任未及时制止。

更为严重的是，在列车起动后导致卸下的行包掉下站台挤坏车辆设备，构成行车险性事故。车站助理值班员在办理 T358 次客车发车过程中，明知该列车装卸行包较多，不确认、不沟通、不督促装卸作业挂防护信号。

在列车开车点已过的情况下，不联系、不制止、不过问、不汇报，放任装卸作业延点抢卸行包。在显示发车指示信号前，仅凭行李拖车离开站台安全线，就显示发车指示信号，严重违反了《技规》第269条第1款和长沙站《站细》第56条第5款的规定，不沟通确认发车条件就盲目发车，导致了此次事故的发生。

装卸作业人员没有严格执行“开车铃响时行装作业应立即停止”是引发此次事故的直接原因，但是，行李员、装卸人员、车站主任、助理值班员之间没有进行及时有效沟通的人为失误是最终导致险性事故发生的主要原因。

三、事故反思

通过本案例的分析，我们深刻体会到沟通、交流、反馈与行车、作业安全的密切联系，所以列车各岗位工作人员在作业时，应注意：

（1）强化大安全意识，加强联防互控工作。岗位之间、工种之间，除了自身严格按照标准化作业外，还必须有大安全的责任和意识，客运、行包、运转等部门和岗位要加强横向联系、协调和沟通，建立联控制度，做到你错我防、我错你纠，把问题消灭在萌芽状态。

（2）严格接发列车作业标准。标准操作程序是向列车各岗位成员提供的一种标准沟通形式，为全部工作人员提供了一个共同的理解基础。标准操作程序是工作中的共同语言，从某种意义上来说，标准操作程序是工作中最可靠的沟通形式之一。

良好的交流是保证平稳安全地执行一次行车作业的关键要素，是保障行车安全及提高工作效率的必备条件。

任务五　“4·28”胶济特别重大铁路事故案例分析

一、事故概况

2008年4月28日4时41分，北京开往青岛的T195次旅客列车运行至山东境内胶济铁路周村至王村间脱线，这列车第9节至17节车厢在铁路弯道处脱轨，冲向上行线路基外侧。此时，正常运行的烟台至徐州的5034次旅客列车刹车不及，最终以70 km/h的速度与脱轨车辆发生撞击，机车和第1至第5节车厢脱轨。胶济铁路列车相撞事故造成72人死亡、416人受伤，事故除了给乘客造成重大伤亡外，一辆机车基本严重受损，14节车厢报废，648 m的铁路线及部分牵引供电设备损坏（见图3-6）。

二、事故原因

经过调查，4月28日事故发生之日，恰为胶济铁路线因施工调整列车运行图的第一天。4月23日，济南局印发154号文件《关于实行胶济线施工调整列车运行图的通知》，定于4天后的4月28日0时开始执行。这份文件要求事故发生地段限速80 km/h。

图 3-6 “4·28”胶济特别重大铁路事故

不过，济南局如此重要的文件，只是在局网上发布，对外局及相关单位以普通信件的方式传递，且把北京机务段作为抄送单位。按惯例，北京局应作为受文单位，此类公文应由受文单位逐级传达至运输处、调度所，再传达到各相关的机务段、车辆段。然而，在 154 号文件下发三天之后，在没有确认有关单位是否收到的情况下，即 4 月 26 日，济南局却又发布 4158 号调度命令，要求取消多处限速，其中就包括事故发生地，王村至周村东之间便线的限速命令（注意，154 号文件对该地段限速 80 km/h 的条件并未取消）。

北京机务段的执行人员在没有收到 154 号文件的情况下，根据 4158 号调度命令，删除了运行监控器 80 km/h 的限速指令。4 月 28 日午夜 1 时多，路过王村的 2245 次列车发现，现场临时限速标志（80）和运行监控器的数据（不限）不符，随即向济南铁路局反映。济南铁路局在 4 时 2 分补发出 4444 号调度命令：在 k293+780 至 k290+784 之间，限速 80 km/h。

按照常规，此调度命令通知到铁路站点，然后由值班人员用无线对讲机通知司机。但致命的是，这个序列为 4444 号的命令，却被车站值班人员漏发。而王村站值班员接到调度所补发的限速命令后，未按规定与 T195 次司机用电台进行核对。在没有确认 T195 次司机是否收到限速通知的情况下，盲目放行列车。T195 次列车司机最终没有收到这条命令，最终导致了事故的发生。

三、事故反思

本次事故的直接原因是列车运行超速，与此同时也暴露出行车过程中信息沟通交流上存在严重问题。主要原因是车组交流经验欠缺，中间过程落实不到位，传达不及时，信息传达不同步。

首先，调度命令发布和接收的规范化，对于调度命令的正确执行关系重大。信息发送者在传输这些关键信息时，未能被接收者理解并做出正确的反应，违反了命令发布的规定和调度集中统一指挥的原则，以施工文件代替指挥行车的调度命令，违反了一事一令的规定，误导了调度指挥。

调度命令下发后，没有确认机务、电务部门等相关信息接收者已对运监器、应答器数据修改完毕，盲目下发调度命令，为事故的发生埋下了安全隐患，未达成一个有效的信息沟通交流闭环。一方“假定”另一方了解或者知道情况，并且双方完全没有沟通；信息传递者假定收到信息的人理解了信息的内容和来龙去脉。如果信息明确，并且提供了准确的反馈，那么可以在最大程度上减少与假设有关的问题。

信息接收时出现了认知错误，应提高对专业术语的认知与理解能力。济南局在下发的有关调整列车运行图的文件中提出“施工便线允许速度为 80 km/h，机务、电务部门要据此修改运监器、应答器数据，调度所不再发布限速命令”，把“允许速度”和“限制速度”两种不同的速度概念混为一谈（线路允许速度是根据线路的设计速度和机车车辆的设计速度来确定的，限制速度是由于临时施工、自然灾害和机车车辆等原因规定的过车速度），引起了执行者的误解，为事故的发生留下隐患。

任务六 “9·27”上海地铁 10 号线事故案例分析

一、事故概况

2011 年 9 月 27 日 14 时 10 分，上海地铁 10 号线新天地站设备故障，交通大学站至南京东路站上下行采用电话闭塞方式，列车限速运行。14 时 08 分，行车调度员发布调度命令，交通大学站至南京东路站上下行区段实行电话闭塞法运行。14 时 35 分，1005 号列车持路票从豫园站发车。14 时 37 分，1005 号列车以 54 km/h 的速度行进到豫园站至老西门站区间弯道时，发现前方有 1016 号列车停留，随即采取制动措施，但由于惯性，仍以 35 km/h 的速度与 1016 号列车发生追尾碰撞（见图 3-7）。

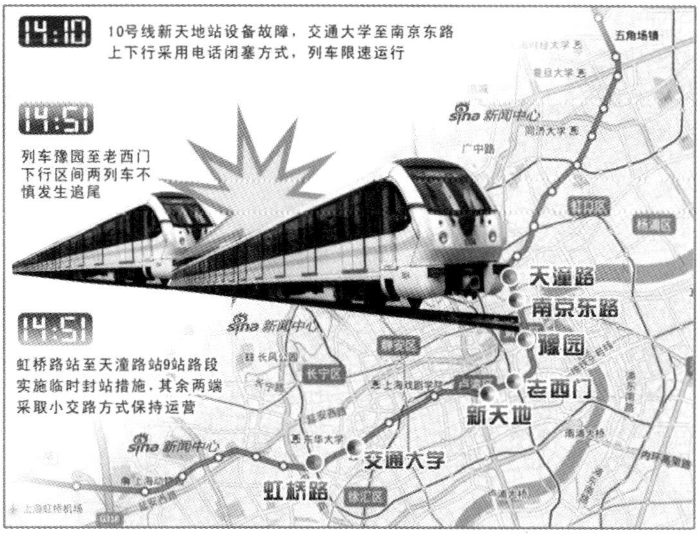

图 3-7 “9·27”上海地铁 10 号线事故

14 点 51 分，虹桥路站至天潼路站 9 站路段实施临时封站措施，其余两端采取小交路方式保持运营，启动公交配套应急预案，公安、武警等赶赴现场协助疏散。两列事故列车内 500 多名乘客已经全部撤离车站，约有伤员 40 余名，大部分为轻微伤乘客，未发现重伤。

二、事故原因

事故当天，工作人员发现新天地车站的电缆有一个孔洞，担心会有老鼠等小动物钻进去咬坏电线，所以就请来电工进行封堵。他们觉得这样简单的修补作业不会影响行车，所以就没有停电作业。通常这样的作业会放到夜间地铁停运之后，但或许是低估了维修的难度，在未进行风险识别、未采取有针对性防范措施的情况下，维保中心供电公司签发了不停电作业工作票，并且经过有关部门同意后，进场作业。

13 时 58 分，电工在孔洞封堵时，意外导致 10 号线新天地集中站信号失电，并造成中央调度列车自动监控 ATS 红光带、区间线路区域内车站列车自动监控 HMI 面板黑屏。

此时 10 号线交通大学站至南京东路站上下行区段内尚有 6 辆列车在线，同时 1016 号列车在豫园站下行出站后显示无速度码，司机向 10 号线调度中心报告，行车调度员命令 1016 号列车以手动限速方式向老西门站运行。14 时 01 分，行车调度员开始列车定位。14 时，1016 号列车在豫园站至老西门站区间遇红灯停车，行车调度员命令停车待命。14 时 08 分，行车调度员未严格执行调度规定，违规发布调度命令，交通大学站至南京东路站上下行区段实行电话闭塞法行车，而且接车站值班员在未严格确认区间线路是否空闲的情况下，违规同意了发车站的电话闭塞要求。

14 时 35 分，1005 号列车（后车）从豫园站发车。14 时 37 分，1005 号列车以 54 km/h 的速度行进到豫园站至老西门站区间弯道时，发现前方 1016 号列车仍然在原地滞留，随后 1005 号列车司机紧急制动，由于惯性过大，紧急制动距离不够，导致地铁 10 号线 1005 号列车与 1016 号列车发生了剧烈的追尾碰撞，共计造成 260 多人受伤，40 名人员轻伤。

三、事故反思

该起事故中，团队成员之间未及时沟通交换准确信息及缺乏密切配合是导致事故发生的主要原因。行车调度员在未准确定位故障区间内全部列车位置的情况下，没有进一步确认就违规发布电话闭塞命令；接车站值班员作为信息接收方，也未严格确认区间线路是否空闲的情况下，违规同意发车站的电话闭塞要求。双方出现交流障碍，即态度上认为不必要、不交谈、不倾听、不提问，加之由于传播媒介造成的障碍，导致追尾事故发生。

在行车安全作业中，有效的沟通交流可以很好地预防事故的发生，职工应该在确保已经沟通交流安全的情况下在进行行车作业，在变更行车闭塞时应及时与工作人员进行有效沟通交流。为减少因职工信息交流沟通不当造成事故的发生，应加强职工的技能培训和车辆运行中的沟通交流。

项目小结

本项目结合五个轨道交通领域的具体事故案例，通过描述事故概况，引导读者从信息沟通交流的人因角度分析事故原因，最后对事故整体进行事故反思。本项目的知识体系结构如图 3-8 所示。

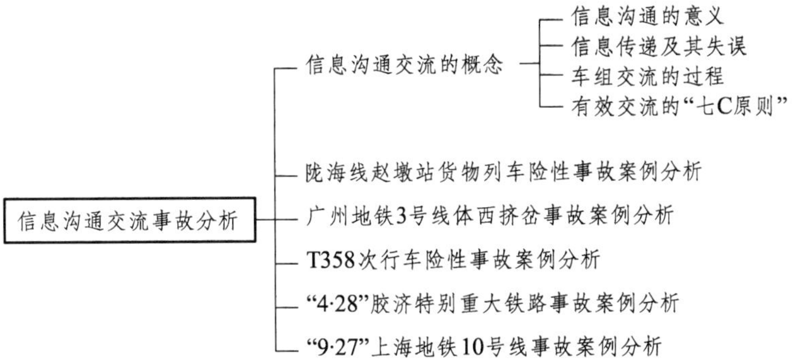

图 3-8 “信息沟通交流事故分析”知识体系结构示意图

思考训练

请大家分组讨论，分别针对本项目中的每个事故案例进行相应的事故反思，并思考五个事故案例之间的共性，深化信息沟通交流对事故影响的理解。

项目四　情景意识与决策事故分析

机组情景意识的概念最早出现在航空心理学中，是飞行员和其他机组成员对自己、飞机、环境和操作因素的准确评估。简单来说，就是要知道在你的周围将要发生什么，在遇到紧急情况时如何评估事故的严重性、如何判断和利用资源、如何求救，如何组织领导，以将事件可能产生的不良后果降到最低。列车司机的职业与飞行员类似，紧急事件一旦发生，司机能否正确判断和处理直接关系到乘客的安全。因此，“情势判断和觉察”能力体现了司机的敏锐观察能力、分析问题能力、解决问题能力。

大秦铁路传奇（中）

任务一　情景意识与决策的概念

一、情景意识的概念

情景意识又称作处境意识，是指识别一个过失链和在事故发生前将其破断的能力，可随时知晓与团队任务相关的将要发生的事情，识别和找出失误。情景意识是安全意识的一个重要组成部分，在轨道交通安全中起着相当关键的作用。

在轨道交通领域，情景意识与决策是机车司机或者相关工作人员在特定时段和特定情境中对影响列车运行的各种因素、各种条件的准确知觉，对信息准确判断后所做出的选择或者决定。列车驾驶系统是司机任务交互的主要对象，因此对系统的意识就包含了对系统信息和状态的感知、理解和预测，从而为有效的决策提供重要依据。

简言之，情景意识就是列车司机对列车运行态势的认知，以及对列车即将发生情况的预测。比如，司机要随时做到对自身心理和生理状态的觉察及对自己正确的认识，通过树立安全意识、合理分配注意力、检查自己在驾驶系统中的行为，实现有效的情景意识。

情景意识对安全有很大的影响：工作人员的理解力、判断力和适应性越强，情景意识就越高，事故风险就越小，安全系数就越高；工作人员不良的身体、心理状况及不良的经验、操作技能等都会降低情景意识，这样安全性就低，发生事故的可能性就大；同时，工作人员对工况的熟悉程度越高，对局面和条件的感知越清晰准确，团队协作能力越强，情景意识自然就越高，这是预防和控制轨道交通人因事故发生的有效条件。

二、轨道交通情景意识

情景意识（Situation Awareness，SA）首次作为研究话题是在军事航空领域，在该领域 SA 被认为是第一次世界大战期间军用飞机机组人员的重要有利条件，除此以外，直到 20 世纪 80 年代后期，SA 才开始受到学术界关注，当时与 SA 相关的研究开始出现在民用航空和空管领域。在 1995 年的《*Human Factors*》期刊的一期有创意的特刊发表之后，SA 成为人因研究团体的流行话题，并且许多研究人员开始研究不同领域中的 SA 概念，这个概念从此开始成为系统设计和评价的核心问题，并持续主导着全世界的人因研究。

（一）机组中的两种情景意识

情景意识有个体情景意识和群体情景意识之分，它们之间既有着密切的联系，也存在一定的区别。情景意识水平受到个人的知识结构、认知能力、生理心理状况以及社会方面的影响，存在很大的差异。

机组中的两种情景意识如图 4-1 所示。

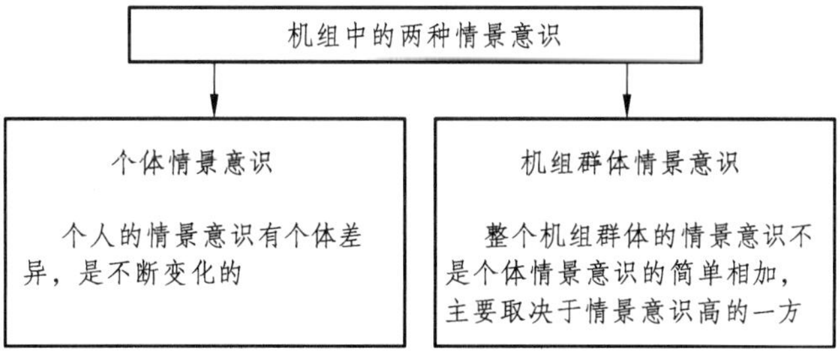

图 4-1　机组中的两种情景意识

1. 个体情景意识

个体情景意识是指某个机组成员个人对影响飞行的各种因素和条件的知觉。由于每个个体的知识、经验不同，飞行态度和飞行动机不同，所以不同个体之间的知觉存在着差异，每个机组成员的情景意识水平就有可能不同。

例如，在一个由火车司机与副司机组成的列车驾驶团队中，可能有一名司机的情景意识高一些，另一名司机的情景意识则有可能处于较低水平，同时，也有可能两名机组成员的情景意识都比较高或者都比较低，即便是两名司机的情景意识水平相当，他们情景意识的指向性也有可能存在差异。

2. 机组群体情景意识

机组群体情景意识是指作为一个完整整体的机组团队所具有的情景意识。对于轨道交通领域来说，驾驶安全主要取决于由火车司机与副司机组成的驾驶团队群体所获得的情景意识，而驾驶团队群体所能获得的情景意识则主要取决于司机所能获得的情景意识水平，这样的情景意识绝不是每个个体情景意识的简单叠加。

因此，为了提高驾驶团队群体的情景意识，轨道交通领域中的副司机就必须将他的情景意识贡献给司机，而司机也必须接受和分享副司机所提供的情景意识。

群体的情景意识水平与机组的搭配和机长的领导艺术有关。机组的整体工作由机组成员分工、协同、配合来共同完成，每个机组人员素质高、配合好，体现出的群体情景意识就高。

（二）轨道交通中情景意识的培养

1. 设备操作与驾驶知识的积累是情景意识培养的基础

知识是一切文明意识产生的根源。没有相关的轨道交通知识，对工作中出现的情况和条件的变化就缺少判断和处理能力，甚至是熟视无睹，更谈不上灵活运用知识来推断变化的原因或预料即将发生的结果。

作为轮机人员应自觉地系统性地学习轨道交通理论知识，结合工作岗位和管理体系熟练掌握各项规定、标准和安全裕量，并随着新技术的广泛应用，不断更新专业知识与技术，使自己储备足够的专业知识。同时，要重视专业知识与实践之间的联系，形成融会贯通、有机配合的网络化、一体化知识结构。掌握足够的专业知识之后，才具备产生相应情景意识的基础和作出相应专业判断的前提条件。

2. 良好工作态度的形成是培养情景意识的保障

工作态度包括工作人员对工作的认知要素、情感要素以及行为倾向要素。当认识到自身工作的重要性和安全意义时，就会对工作充满热情和兴趣，表现出工作认真踏实、责任心强、积极主动的特点，能够迅速地注意到异常信息，形成相应的情景意识，便于及时发现问题和解决问题；反之会缺乏主动性，对异常信息和潜在问题就不能形成相应的情景意识，造成事故隐患。

是否具有良好的工作态度，将直接影响到自身对情景的感知状态，其情景意识的高低与工作态度良好与否密切相关。因此，对轨道交通行业从业人员工作态度的培养是一项不容忽视的任务。

3. 重视注意力的分配是情景意识培养的重要环节

情景意识形成的整个映射过程是由人的感官所收集的信息触发的，并且感官收集的信息的数量及其质量对形成的情景意识正确与否有着决定性的影响。这些信息可能包括：司机室操纵台信息，如位置、速度、开关控制信息，灯光信息、主要设备操作和控制信息等；各种设备的技术参数状态及操作人员的操作信息等。收集的信息太少，可能遗漏判据，难以形成相应的情景意识；质量不高的信息太多，又可能产生干扰，影响情景意识的形成质量。因此，收集的信息太少或太多，本质上均是由于注意力分配不合理引起的。

每个人的注意力的容量是有限的。合理分配注意力是情景意识形成的重要环节。因此，轨道交通行业相关人员在工作中要清楚地了解信息资源与情景意识及管理工作的关系，充分认识到注意力的有限性，始终跟踪环境和状态的发展变化，尤其是对发生变化的信息的警示，提高对信息的掌控能力，有效防止疏忽重要信息或“贪多嚼不烂”的现象发生，避免出现情景意识的丧失或错误。

4. 做好特殊情景的预判是培养情景意识的关键

情景意识其实是一种根据当前情景产生迅速而正确的反应的能力，仅掌握大量知识仍然不足，从知识到实践看似咫尺之遥，却是两重境界。

例如，大量研究表明，时间压力会造成决策的质量降低，从而影响并行任务处置的优先级。列车运营中异常事件常常具有突发性，要求司机在短时间内作出正确的判断和决策。例如，列车司机在日常操作和驾驶列车的过程中，要随时面对可能发生的突发事件，如接触网停电、照明熄灭、受电弓故障等，甚至火灾、地震等灾害性事件，因此，司机在关键时刻的决策能力直接影响到乘客的人身财产安全和列车系统的运营安全。

所以，轨道交通行业从业人员在平时不但要做好正常情况下的情景预想，还要对在关键阶段可能出现的特别情况进行情景预想，从容应对工作中情景的不断变化。

5. 加强对典型案例的学习研究是情景意识培养的捷径

影响轨道交通行车安全的因素众多，而各种规章制度、设备说明书等只能提供有限的程序帮助。而仅根据自己的经验，局限于某些常用的情况，还会导致思维定势的缺陷。所以，要想更多地获取各种情况下的情景意识，学习和研究轨道交通人因事故案例不失为一个快捷而有效的途径。

任务二　“4·11”京九铁路列车追尾事故案例分析

一、事故概况

2006 年 4 月 11 日 9 时 32 分，南昌铁路局南昌机务段由青岛开往广州东的 T159

次列车，在行至广铁集团管内京九下行线林寨站至东水站区间时，20679号信号机发生故障，司机张某将20667信号机误以为是故障的20679信号机，此时，T159次副司机李某正在违规睡觉，列车以48 km/h的速度撞上了正在停靠的武昌开往汕头的1017次列车，导致1017次列车最后4节车厢脱轨。事故造成T159次列车司机和副司机当场死亡，18名旅客受伤，最终被定性为铁路重大事故。

国家铁路局事故调查报告显示，南昌铁路局南昌机务段T159次列车司机张某和副司机李某出勤前未按规定休息，在行车过程中打盹睡觉，注意力不集中，未及时发现信号故障，违规通过防护区间，严重违反铁路规章制度，构成重大行车事故（见图4-2）。

图4-2 “4·11”京九铁路列车追尾事故

微课视频：“4·11”京九铁路列车追尾事故案例分析

二、事故原因

经过调查，司机张某待乘时，未按规定时间休息。出乘当天感到身体疲劳，精神状态不佳。但是，考虑到此次值乘线路是比较熟悉的老线路，加上自工作以来自己从未出现过任何事故，张某抱着侥幸心理，仍坚持出乘。然而，列车运行至赣州站时，司机张某感到身体疲劳，注意力下降，不断打哈欠，但是想到离终点站也不远了就并未采取任何措施。行至广铁集团管内京九下行线林寨站至东水站间，收到调度员发出的20679信号灯显示故障指令，由于张某犯困导致注意力不集中，将正确显示红灯的20667信号机误以为是出故障的20679信号机，张某主观认为显示红灯是错误的，于是打开了信号故障模式，擅自输入了自己随意编造的虚假调度命令，恶性解锁，使得T159次列车越过20667信号机后，仍以较高速度行车，在发现前车后，来不及紧急制动，错过最佳制动时间，最终导致追尾事故发生。在行车过程中，张某受个人健康状态影响，导致其对行车过程中列车外部关键信息的感知能力下降，进而形成对T159次列车行车安全性错误的情景意识。此次事故中的副司机由于是即将调岗的老司机，这是最后一次值乘，所以工作懈怠，责任心不足，值乘期间睡觉，也是导致事故发生的主要原因之一。由此可见，良好的职业态度使机车司机能够以更积极的方式将精力集中于正在进行的工作和需要解决的突发情况上，进而影响其情景意识水平。

三、事故反思

通过本案例的学习，我们深刻体会到情景意识与行车安全的密切联系，良好的情景意识意味着司机对个人、列车、环境等因素的准确感知、正确理解和合理预测，即司机要知道周围发生了什么和将要发生什么。在本项目学习中，学生可通过职业特质培训和训练，提高个人情景意识水平，以保证列车安全运行。

任务三　“3・30”京广线 T179 次旅客列车脱轨事故案例分析

一、事故概况

2020 年 3 月 30 日 11 时 40 分，由济南开往广州的 T179 次旅客列车运行至京广线下行 1855 km+642 m 处，因撞上滑塌体发生列车脱轨事故，造成机车及机后第 1 至 8 位车辆脱轨，1 名乘警殉职，122 名旅客和 5 名列车工作人员受伤，该事故导致京广下行线中断行车 21 小时 28 分钟、上行线中断行车 22 小时 8 分钟。

4 月 30 日，京广线 T179 次列车脱轨事故调查组公布了事故调查结论。该起事故是恶劣气象和特殊地质条件下路堑边坡突发滑塌所致，为自然灾害造成的铁路交通较大事故。事故原因是 T179 次旅客列车运行接近滑塌地段时，受天气影响和地理条件限制，司机瞭望距离不足导致停车不及时，列车与线路上的滑塌体相撞（见图 4-3）。

二、事故原因

经过调查，司机李某因家庭原因出乘当天心事重重，注意力涣散。但是，考虑到此次值乘线路熟悉，且有经验丰富的副司机朱某一同值乘，李某自信满满走进司机室，开始值乘任务。列车运行经过郴州市永兴县境内，由于连日降雨导致轨面湿滑，加上当时雾气较重，瞭望条件差。副司机朱某提醒司机李某，该路段最近降雨频繁，事故多发，有山体滑坡危险，今天有雾气，请减速行驶。然而，李某此时恰好看到前方信号机显示绿灯，潜意识里认为视野很好，就未采纳副司机建议，仍以 109 km/h 的速度运行至 1855 km+410 m 附近。朱某和李某同时发现前方 1855 km 跨线桥上有人挥动衣服，李某随即鸣笛，但并未减速或采取相应制动措施，朱某正考虑是否建议李某制动停车时，滑坡体已映入眼帘，副司机朱某大叫：“制动！”此时李某才缓过神来，立即采取紧急制动，但是由于制动距离短，停车不及，于 11 时 39 分 58 秒在 1855 km+642 m 处，以超过 100 km/h 的速度与滑塌体相撞，悲剧发生。

图 4-3 “3・30”京广线 T179 次旅客列车脱轨事故

微课视频：“3・30”京广线 T179 次旅客列车脱轨事故案例分析

在行车过程中，李某受个人精神状态影响，导致其对行车过程中列车外部关键信息的感知能力下降，进而形成对 T179 次列车当时的行车环境的错误情景意识。此次事故中的副司机虽然对当时的行车环境具有较高的情景意识水平，然而其未能将他对周围环境的看法有效并完整地传递给李某，在第一次受视野影响建议司机李某减速行驶时，司机李某并未采纳，而朱某也并未采取其他措施，导致第一次团队情景意识分享失败。当副司机朱某看到有人挥动衣服时，本该提醒李某减速，但是由于司机李某鸣笛示意，于是朱某并未将自己对行车环境的看法及时表达并传递给李某，至此，第二次团队情景意识分享失败。当朱某看到前方的滑坡体时，虽提醒司机李某制动，但是情急之下只叫出“制动”，使司机李某因不明原因而并未紧急制动，当他自己亲眼看到滑坡体侵入线路时才采取制动措施，副司机朱某并未将自己的情景意识完整传递给司机李某，导致第三次情景意识分享失败。由此可见，行车团队的情景意识并非单个个体情景意识的叠加，而是团队成员情景意识的有效传递和分享，正如案例中副司机朱某虽然对行车环境的情景意识水平相对较高，但是并未有效和完整地传递自己的情景意识，且司机李某由于个人注意力不集中，也未及时有效地采纳朱某的情景意识，导致李某在事故中情景意识水平较低，而较低一方的情景意识水平代表了团队整体情景意识水平。

三、事故反思

通过本案例的学习，我们深刻体会到团队情景意识与行车安全的密切联系。良好的团队情景意识意味着行车团队的整体工作需要乘务人员分工、协作、配合完成。

团队情景意识并不是每个成员情景意识的简单叠加，而是团队中所有成员在某个时刻对当前所发生事件的共同理解。以司机和副司机组成的列车驾驶团队为例，司机作为列车操控的主要负责人，其情景意识好坏直接决定了驾驶团队的情景意识水平，一方面其他团队成员，即副司机须将自己对当前情况的理解传递给司机，而司机也必须接受和分享来自副司机提供的有效信息，进而形成团队情景意识。

任务四　新乡“7・10”列车追尾事故案例分析

一、事故概况

1993 年 7 月 9 日下午，京广线安阳至广武间受暴风雨影响，线路自动闭塞供电设备停电，打乱了正常的铁路运输秩序。郑州铁路分局调度员周某于 21 时 40 分下达了第 1828 号调度命令：在新乡南场至老田庵各站停止基本闭塞法，改用固定闭塞法。7 月 10 日 2 时 15 分，2011 次货车从新乡南场出发，由于七里营站满线，该列车在新乡南场至七里营间运缓。7 月 10 日 2 时 40 分，163 次旅客列车从新乡南场开出，担当这次乘务的北京铁路局石家庄铁路分局石家庄机务段司机王某、副司机刘某，在接到 1828 号调度命令后，错误理解命令内容，将新乡南场至七里营启动闭塞区间误认为是固定闭塞区间，臆测行车，遇红灯不停车，速度达 80 km/h 左右，在距离 2011 次列车尾部约有百米处发现前方有车时，已错过制动时机，致使 163 次列车与 2011 次列车追尾冲突，造成 40 人死亡，其中乘务员 32 人，旅客 8 人，中断京广下行正线行车 11 小时 15 分钟（见图 4-4）。

图 4-4　新乡“7・10”列车追尾事故

微课视频：新乡“7・10”列车追尾事故案例分析

二、事故原因

经过调查，司机王某因身体原因，服用感冒药，出乘前精神状态不佳。但是，由于对个人驾驶经验过度自信，坚持带病出乘。列车从新乡南场出发，21 时 40 分，司机王某接到 1828 号调度命令：在新乡南场至老田庵各站停止基本闭塞法，改用固定闭塞法。23 点 50 分，接到命令，将原 1828 号调度命令内容改为：七里营至老田庵各站间，停止基本闭塞法，改用固定闭塞法。此时，速度显示面板提示机车超速，副司机刘某发现显示屏与速度表显示不一致，经检查速度传感器通道连线，发现是速度连线插头松动导致速度显示错误。副司机刘某集中注意力解决速度显示问题，并未听清调度命令，随口对司机王某说：新乡南场至七里营是改为固定闭塞区间了。而王某由于感冒药的作用一直打哈欠，注意力不集中，听到王某说南场至七里营区间为固定闭塞区间，随即关闭了机车信号和自动停车装置。至此，以调度员、司机和副司机形成的团队中每个成员的情景意识各不相同，导致无法形成团队对当前危险情况的有效判断。列车继续向前行至黄灯信号，刘某说："前面区间应该没车吧。"于是，司机王某臆测前方无车，且并未减速，遇到红灯信号也未采取制动停车。在距离 2011 次列车尾部约有百米处发现前方有车时，已经来不及紧急制动，最终 163 次列车与 2011 次列车发生追尾冲突。

在行车过程中，司机王某受个人健康状态影响，导致其对行车过程中调度命令的关键信息感知能力下降，进而形成对 163 次旅客列车当时行车环境错误的情景意识。另外，由于机车速度显示故障，副司机刘某受设备故障影响导致其情景意识水平下降，对调度命令信息理解错误。刘某将自己错误的情景意识传递给司机王某，情景意识水平本就不高的王某，不确认信息，盲目接受刘某的情景意识，进而导致其情景意识水平降低。这里需要注意的是，行车团队的情景意识并非只受人员的影响，除人以外的设备故障也会影响团队情景意识的正确与否。事故中速度显示故障直接影响了副司机刘某的情景意识水平，而刘某将其错误的情景意识传递给司机王某。王某由于自身精神状态不佳，导致其未判断刘某分享的情景意识的正确性，即盲目接受他人错误的情景意识，最终形成了错误的团队情景意识。

三、事故反思

通过本案例的学习，我们深刻体会到团队情景意识与行车安全的密切联系。行车团队的情景意识并非只受人员的影响，系统中除人以外的设备故障也同样影响团队情景意识水平。

机车司机、乘务、调度及相关设备等共同构成保障列车安全运行的行车团队。在处理团队协作任务时，团队成员的个体情景意识会相互影响，每个团队成员的个体情景意识无法真实反馈团队对当前情况的整体理解。除此之外，随着人-自动化协同系统的出现，系统中除人以外的机器、自动化设备等也会影响团队情景意识水平。

首先需要学习和掌握设备的原理，在正确沟通的基础上提高来自人员和设备所组成团队的情景意识水平，保证列车安全运行。

任务五 “6・4”兰新铁路金昌段列车撞人事故案例分析

一、事故概况

2021 年 6 月 4 日，中国铁路兰州局集团有限公司武威工务段金昌车间在兰新线玉石至金昌站间下行线进行线路机械维修作业，共有 5 名武威工务段职工和 18 名劳务工参与 k361+850 处机械维修作业。因捣固稳定车发生蓄能器漏油故障，无法继续作业。在确认捣固稳定车故障无法修复、不能继续作业后，作业负责人组织作业人员向 k364+500 处作业地点转场跨越铁路线路。

负责作业人员在中间防护员没有应答的情况下，没有下达禁止跨线的指令，没有阻止人员跨线。带班人员周某在没有确认有无列车通过的情况下，盲目组织跨线人员跨线。跨线人员跨越线路前未看到接近的 K596 次旅客列车，5 时 18 分，在跨越上行线过程中，与通过的 K596 次旅客列车相撞，9 名作业人员当场死亡，3 名作业人员已跨越通过上行线，另 3 名作业人员被带班人员周某阻拦在上下行线路间（见图 4-5）。

图 4-5 “6・4”兰新铁路金昌段列车撞人事故

二、事故原因

按照维修计划，此次维修作业共有两台捣固稳定车配合作业，分别从 k361+850、k364+500 开始自东向西进行机械维修作业。

2021 年 6 月 4 日 2 时 54 分，武威工务段金昌线路车间副主任张某作为作业负责人，组织车间参与作业人员召开维修作业准备会，部署维修作业组织方案和人员分工，共有 5 名武威工务段职工和 18 名劳务工参与 k361+850 处机械维修作业，指定周某为带班人员。

4 时 20 分，按照武威工务段驻站联络员登记请求，玉石站车站值班员向列车调度员申请，列车调度员发布调度命令，自接令时起封锁金昌站至玉石站间下行线，准许武威工务段在 k360+000 至 k368+000 处进行线路机械维修作业，限 7 时 22 分维修完毕。

4 时 38 分，作业负责人张某带领作业人员从 k361+900 上行线一侧作业门进入防护网，跨越上下行线，沿路肩行走到 k361+850 作业地点。捣固稳定车按作业计划在开始作业一段时间后，发生蓄能器漏油故障，无法继续作业。

5 时 09 分，驻站联络员通知现场防护员，k596 次旅客列车玉石站预告，5 时 10 分通过玉石站。在此期间，捣固稳定车作业现场防护员王某两次确认收到 k596 次旅客列车接近信息。

5 时 16 分，确认捣固稳定车故障无法修复，不能继续作业，作业负责人张某下达作业人员向 k364+500 处作业地点转移指令，安排带班人员周某带领 15 名作业人员跨越上下行线，从 k361+900 处作业门出防护网再乘汽车前往 k364+500 处参与作业，指定原跟随捣固稳定车移动防护的防护员王某负责转场跨线作业人员防护。之后，防护员王某、带班人员周某带领 15 名作业人员走到故障捣固稳定车东侧 5 m 位置（k361+820 处）路肩上，准备跨越线路期间，作业负责人张某 3 次催促跨线。

此作业地点位于戈壁，这里铁轨弯道密集，为降坡度，兰新线进行电气化改造时，这段路被改造成了“W”形的展线，由于特殊的地形和线路设计，甚至能看到“多列火车绕圈追着跑”和“车头能看见车尾”等，并且该作业区段为弯道，凌晨时刻的光线条件不佳，火车司机和施工人员的视线均受到了一定的影响。除此之外，风力极强，人与人近距离说话几乎听不清楚。

受到地形特点带来的干扰以及外界环境的影响，加上因临近施工结束，在夜间连续工作了几个小时的作业负责人张某和施工人员此时已经出现一些注意力不集中、思想意识涣散的情况，施工人员没有多想就在上行线路上行走或坐着休息，并没有对此时的行车环境做好充足的准备，提前预判可能会发生的情况。

6 月 4 日 5 时 18 分，负责作业人员防护的王某仍在与中间防护员联控 K596 次旅客列车位置，在中间防护员没有应答的情况下，没有下达禁止跨线的指令，没有阻止人员跨线。带班人员周某在没有确认有无列车通过的情况下，盲目组织跨线人员跨线。由于瞭望视线被故障捣固稳定车阻挡，跨线人员跨越线路前未看到接近的 K596 次旅客列车，在跨越上行线过程中，与通过的 K596 次旅客列车相撞，9 名作业人员当场死亡，3 名作业人员已跨越通过上行线，另 3 名作业人员被带班人员周某阻拦在上下行线路间。

三、事故反思

维修作业过程中，捣固稳定车发生故障，作业人员在转场跨线过程中，有关人员盲目指挥、联控不彻底、现场防护失效、违章跨越线路是事故发生的直接原因。

（1）在作业防护人员王某与中间防护员联控 K596 次旅客列车位置没有得到答复、全体人员不了解当前是否安全的情况下，仅凭个人经验就做出错误决策，盲目越线，没有对即将发生的情况有良好的预测，也没有根据自身心理和生理状态的觉察实现有效的情景意识，其他人员也处于情景意识较低的水平，盲目听从安排，在不确定安全的情况下跨线，导致了此次事故的发生。

（2）在当时的情况下，所有人都未得到有效的回应，在作业负责人不按既有方案指挥作业，违章临时变更方案、调换防护和带班人员的情况下，人们更应该在安全地带等待而不是冒着生命危险跨线。

（3）在捣固稳定车发生故障、组织转场跨线作业时，没有制定应急处置方案和提出安全注意事项，现场作业安全风险管控不到位。

任务六　南疆线 K883 次旅客列车脱轨重大事故案例分析

一、事故概况

2001 年 1 月 8 日 9 时 47 分，乌鲁木齐开往喀什的 K883 次旅客列车（编组 13 辆，总重 689 t，计长 28.6）运行至南疆线上新光—下新光间 k275+674 处（速度 54 km/h），重联机车 DF41126 号及机次第 1 ~ 11 位车辆脱轨，机后第 12 位车辆脱轨 1 个台车，脱轨后走行 306 m，造成机车小破 1 台，车辆小破 12 辆，钢轨报废 3 根，无人员伤亡，直接经济损失 647 086.60 元，中断行车 55 小时 50 分钟，构成旅客列车脱轨重大事故（见图 4-6）。

图 4-6　南疆线 K883 次旅客列车脱轨重大事故

二、事故原因

经调查，隧道内整体道床支承块挡肩设计时缺少一排钢筋，长期使用后支承块挡肩突发性断裂（该处位于 R=400 m 曲线上），导致线路结构强度减弱，横向承载力严重下降，在轮对横向冲击力的作用下，轨道失稳，轨距加大，导致轮对脱轨。

此次事故发生前，前行列车司机和车站值班员两次向列车调度员报告该处严重晃车，但列车调度员均没有采取有效措施，导致事故发生，这是事故发生的主要原因。

行车调度指挥人员在接到司机报告晃车之后，没有坚持“情况不明不准放行列车”的规定，盲目放行列车。行车调度员情景意识低下，对事件没有预测能力，对可能产生的事故没有预见性，在列车员上报故障后没有及时地重视，没有考虑到该故障会产生的相应后果，从而不作为，以至于没有做出决策，使得最后产生不良后果，导致事故发生。工务区工作人员在接到行车调度有关线路不良的通报后，也未引起重视，未及时整治线路，延误了防止事故发生的有利时机。

事发当天，K883 次列车行驶进入隧道没多久，随着“哐镗”一声响声，列车发出一连串“咔啦啪啦”的金属碰撞声，紧接着就是机车紧急制动的声音。伴随着这些声音，列车车厢也经历了一阵剧烈的抖动，如同地震一般。车内乘客猝不及防，对突如其来的变故不知所措，一部分“经验丰富”的乘客猜想列车可能是发生脱轨了，列车员出现在车厢内呼吁乘客保持镇静、不要慌乱。

客车车厢内的秩序在经过最初短暂的慌乱之后迅速稳定下来。列车在隧道内停稳后，列车长组织列车员巡查了每一辆客车车厢，确认没有人员在事故中受伤，心情稍微稳定的列车长带人下车察看。隧道内光线昏暗，初步察看发现大部分车厢都已经脱轨，重联机车 DF4-1126 号车也已脱轨，整列列车已不具备继续行进的能力，上报情况后等待救援。

三、事故反思

（1）加大设备检查力度。各级管理人员对支承块挡肩发生裂纹失效一事早已知道，但没有积极采取措施更换，缺乏超前预防能力，对长期存在的设备质量惯性问题，没有从根本上根治和防范。特别是收到设备出现不良情况的反映时，反应迟缓，以至于导致事故的发生。

（2）提高调度员的情景意识和决策能力。首先要培养调度员的观察能力，要及时发现问题，对情景有敏锐的观察能力。其次要培养理解能力，对汇报的事情要有充分的理解，能够十分清楚地了解事情的发生过程。最后要有预测能力，能够根据现有的情报，预测将要产生的不良后果，将一切事故杜绝在发生之前，宁可错过，绝不放过，最终使工作人员在特定时段和特定情境中对影响列车运行的各种因素、各种条件准确知觉，对信息准确判断并能够做出正确的选择或决定。

项目小结

本项目结合五个轨道交通事故案例，通过描述事故概况，引导读者从情景意识与决策的人因角度分析事故原因，最后对事故进行反思。本项目的知识体系结构如图 4-7 所示。

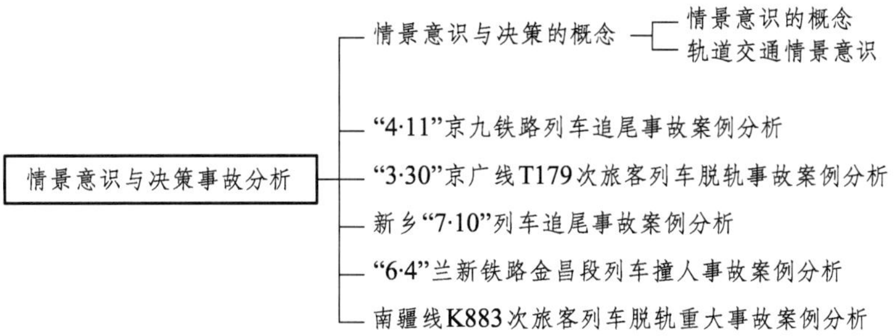

图 4-7 “情景意识与决策事故分析”知识体系结构示意图

思考训练

1. 任选一个事故案例制作 PPT。描述事故概况及原因，结合本项目中的其他两个事故，根据自己的理解，补充事故反思，深化情景意识与决策对事故影响的理解。

2. 分组讨论并体会情景意识在行车安全中的重要性。

项目五　基于领导力事故分析

“党政军民学，东西南北中，党是领导一切的”。同样，在轨道交通运营中也需要领导力，如何有效发挥领导者的领导力，成为决定轨道交通运行安全的关键因素。

大秦铁路传奇（下）

任务一　领导力的概念

一、领导力的概念与作用

（一）领导力的概念

领导力是管理学上的一个重要概念，领导力是领导者为实现组织的目标而运用权力向其下属施加影响力的一种行为或行为过程。领导力包括 5 个必不可少的要素：领导者、被领导者、作用对象（即客观环境）、职权和领导行为。

1. 领导

领导是指引和影响个体、群体或组织来实现期望目标的各种活动过程。这个过程是由领导者、被领导者和其所处环境这 3 个因素所组成的复合函数，即：领导=f(领导者，被领导者，环境)，而这个函数 f 则是职权。

领导有如下特点：

（1）领导必须有领导者与被领导者。

（2）领导者对被领导者的影响或作用力超越被领导者对领导者的影响或作用力。

（3）领导者的目的是影响被领导者在某一特定环境下实现群体或组织的目标。

2. 领导者

领导者是指能够实现领导过程的人。一个群体可以指定或选出一个领导者，领导者是群体中的一个重要角色，是群体成员之一，但是该成员（领导者）在群体中的影响以及能发挥的作用要大于其他成员。领导是一种行为，领导者则是从事领导行为的人。

3. 领导行为

领导行为有以下 4 个要素：

（1）支持：指领导重视与支持下属的价值观及感情的行为。

（2）促进相互关系：指领导善于促进下属间密切合作和互相满足的关系，并不断发展此种关系的行为。

（3）强调目标：指领导关于激发下属努力达成组织目标的行为。

（4）协助工作：指领导能协助下属拟订工作计划，调整工作关系，提供有关工作的知识、技术、器具、材料等，使其便于工作，并能提高工作效率的行为。

列车司机作为整个团队的领导者，无疑是保证列车安全的第一人。在当前及未来智能化铁路的列车运输中，列车司机的工作职责已经远远超越了单纯地操纵列车运行。列车司机是决定运行组织工作成败、管理效率高低的关键因素，而运行组织工作的成败和管理效率的高低则直接影响运行安全。因此，如何有效地发挥列车司机的领导力，成为决定运行安全的关键因素。

（二）列车运行中的领导力

领导力，并非特指某一个人，而是指运行群体，包括团队意识。领导力是一种达成目标的工具，协助整个团队成员实现运行安全和效益目标。领导力不是一种单方面的作用，而是要求领导行为和有效的团队成员反应。有时候其他团队成员也必须起到职务上的领导作用，一个职务上的领导可以暂时对专门的任务行使领导职责。例如故障或者应景疏散时，列车上的每位成员都必须作为职务上的领导，直接完成任务活动。领导力是一种相互作用，需要领导者和被领导者之间的交互作用才会产生良好效果。例如，建立良好的交流氛围是司机的职责，司机要为此做出努力，同时，团队成员要支持司机为建立良好交流氛围所做出的努力。而在司机由于个性原因没有尽到责任时，团队成员也要为建立良好的交流氛围做出努力，并以此改变司机的行为。

（三）领导力的功能

领导力的主要功能是组织功能和激励功能。

1. 组织功能

组织功能主要包括两个方面：

（1）目标规划。任何组织的活动必须有明确的目标，只有目标明确，工作效率和管理效能才能有效地提高。不但要对团队其他成员指出主要目的和要求，在不同时期和不同环境内，还要抓住重点，明确该时段的主要任务，以提高工作效率。

（2）制定规范。规范是实现组织目标的保证。虽然每一个团队成员都对运行规章和制度有一定了解，但只有强调了规范以后，团队成员才能提高对规章的认识，明确地执行规章制度。例如，在航空领域中，每次飞机起飞前，机长都要强调一次对标准喊话的执行，这会对机组成员执行标准喊话起着有效的提醒作用，使机组能够严格执行标准程序，这对飞行安全起着至关重要的作用。

2. 激励功能

激励功能主要包括两个方面：

（1）激励团队成员对于组织目标的自觉认同。一般来讲，团队成员的个体目标有时与组织目标有所出入。这时，应尽可能地把组织目标和个人的需要有机地结合和协调起来，正确引导，指出在组织目标中同样存在个人目标的实现，从而提高机组成员执行组织目标的自觉性。这就要求在对待不同情况时，发扬民主作风，听取意见，具体分析，区别对待，支持个体正确有益的需求，引导纠正不合时宜的错误需求。

（2）激励团队成员的工作积极性。航空机长在飞行过程中，应用精神激励和信息激励的方式，采取各种手段，主动创造良好的工作氛围，因地制宜地调动机组成员的工作积极性，鼓励机组成员做好自己的本职工作，提高机组的工作效率。列车司机在出乘前与乘务组成员会面时的友善问候，会消除乘务组成员之间的距离感，创造良好的人际关系氛围，这将起到建立良好交流氛围的效果。

例如，某飞机上的副驾驶是一名新手，他在稳定爬升阶段控制空速时遇到了困难，并使改平高度产生了几百英尺的误差。驾驶舱对话如下：

副驾驶：我刚才做得不是太好，我哪一点做错了呢？

机长：让我们回顾一下刚才的操纵，你自己认为有什么地方做得不对吗？

副驾驶：是的，我觉得空速难以控制。

机长：那仅仅是问题之一，还有其他的吗？

副驾驶：功率没有变化，但是俯仰变化量太大了。

空中机械师：我也这样认为，你刚才的俯仰量太大了。

机长：是的，这就对了。我认为你应该注意姿态仪，并且在你决定要修正之前，你应该保持好状态，配平飞机，然后做一些微量的修正，改平时要掌握好提前量。

副驾驶：好的，听起来这是一个好主意，下一次飞行的时候我再试一试。

（四）权威性与直陈性

权威性与直陈性是影响领导力与协作的一个重要因素。权威性主要指司机在团队中的地位和影响力，而直陈性指团队成员在陈述自己观点时的勇气和果断性。通常情况下两者是反比例的关系，直陈性主要由司机的特点决定，与团队成员的个性也有关系。

权威性是实现领导力功能的重要依托和前提条件。有了权力并不等于能实现最好的领导效果。除了具有法律上的权力之外，司机还应该具有个人品质权威。

1. 行政性权威和个人品质权威

1）行政性权威

行政性权威是由政府部门或者公司授予某种职位而带来的权力、威信和影响力。只要是一名司机，就具备这种行政性的权力和威望，这种权威性在实施领导行为之前就已经存在。行政性权威的显著特征就是有一定的强制性，被领导者是被动地服从，因此这种权威有一定的局限性，不足以产生众望所归的效果。其他团队成员也有一定的行政性权威，如列车长对乘务组有领导职责。

2）个人品质权威

有效的领导还必须有赖于个人品质权威的作用。个人品质权威是由自身的人格品质和技术胜任能力所自然产生的权力和威信，也就是我们平时所说的“德才兼备，以德服人”。个人品质权威是包括司机在内的每个团队成员都具备的。个人品质权威由品格因素、才能因素、知识因素和感情因素等构成，一名合格的司机应该具有以下的个人品质：

（1）品格因素：指道德、品行、人格和作风等。司机必须具备的品格包括公正无私、言行一致、强烈的敬业精神和使命感等。具有高尚品德的机长使人产生尊敬感，因而具有强大的感召力。司机在平时就应注重自己的言行，培养这些品格。

（2）才能因素：是司机各种能力的总和及其在驾驶过程中的体现，是完成领导工作的主要内在条件。它主要包括分析判断能力、决策创新能力、组织管理能力等。综合能力高的司机能给予其他成员较高的信心和希望，从而使其他成员接受领导的自觉性不断提高。

（3）知识因素：是指列车驾驶的业务知识水平。一个具有较高业务知识水平的司机，会带来信赖感，司机要不断地加强学习，使自己的业务知识水平保持在机组其他成员之上，才能有效地领导团队成员。

（4）感情因素：是指司机与团队之间建立的感情关系。只有建立了良好的感情关系，才能拉近彼此之间的心理距离，相互之间的影响力才会增大；反之则会加大彼此之间的心理距离，甚至产生对抗情绪，不利于工作的开展。

2. 直陈性和权威性的平衡

权威性与其他团队成员的直陈性之间达到某种平衡关系，将会给驾驶带来最安全的处境。因此，必须以某种方式实施领导者在个人及行政上的权威性，但这种权威性本身并不意味着削弱其他成员的直陈性。与之相反，为了发挥群体作用，领导者应该为团队成员提供足够机会，使团队成员能够陈述自己的观点，在必要时还应该允许团队成员对自己的决策进行质询。权威性和直陈性不平衡的两个极端就是权威性太高以及团队成员的直陈性太低。

1）权威性太高

由于某些原因，司机可能处于太高的职权水平，常见的原因有：

（1）司机所接受的训练就是独立自主地做出决断和自我约束，如同军事飞行员所接受的训练一样。如果这类司机将原来训练中获得的管理态度迁移到列车资源管理中，就可能使他的权威性处于过高的水平。

（2）司机可能严重缺乏交流技能，或者根本不知道进行有效交流的必要性。

（3）司机可能仅仅是一个以工作绩效为价值取向的人，他对结果的兴趣远胜于对人的兴趣。

（4）他可能是一个新司机，需要通过提高自身的权威性来证实自己的价值。

2）成员的直陈性太低

与权威性相对，团队成员的直陈性也可能会由于某些原因的影响而处于太低的水平。主要原因包括：

（1）被权威性所征服，如果团队成员由于质询等而受到了严厉抨击，那么以后他就可能倾向于不再提出质询。

（2）没有受过交流和管理技能方面的训练，缺乏交流的技能，甚至缺乏需要这些技能的意识或者不知道应该具备这些技能。

（3）存在个性缺陷，如过于内向和胆小怕事以及怯弱的性格品质等。

人们总是倾向于认为自己是正常的，只有别人才会出错和偏离正常。因此，在批评和抨击别人之前，必须要首先学会反复思考，并对自己的行动进行质疑。如果团队成员的直陈性太低，就需要考虑是否设置了适宜的质询环境，以及是否给予了他们参与的机会，或者是否不恰当地拒绝了他们的正确反应等。反过来，如果团队成员的直陈性太高，则需要思考是否实施了足够的权威性，其他团队成员的反应是不是正在填补自己工作的空白。

3. 权威性与交流

建立良好交流和相互作用的氛围是司机的职责，交流双方是平等的并不意味着司机失去了权威性。相反，如果司机能够建立起交流和相互作用的氛围，就可以通过全面而深入的交流，体现作为司机的领导艺术，增强自己的权威性；同时，其他团队成员才有可能把司机看作自己行动的向导，并接纳自己的司机，进一步增强司机的权威性。维持良好的交流气氛并不是司机一个人的事情，它是全体团队成员的共同职责。所有团队成员的共同努力，对于改善交流非常重要。

在航空领域，副驾驶是机长的助手，在职责上是下级，但同样在机组资源管理中处于重要地位，在交流上与机长处于同样的水平。所以，必须消除等级观念，使副驾驶敢于直陈己见，可以充分有效地利用机组资源。为了减少或消除副驾驶等机组成员进谏机长可能会遭受的打击报复，航空领域采用副驾驶进谏机长的 PACE 四步骤法。

步骤 1：寻求（Probefor）与机长之间较好的理解沟通。

步骤 2：忠告提醒（Alert）机长已犯下错误。

步骤 3：强烈要求（Challenge）机长改变错误的决策。

步骤 4：紧急警告（Emergencewarning）机长操纵的飞机即将处于非常危险的境地。

此方法每一个步骤的第一个单词的首字母组成了 PACE，因此称这个方法为 PACE 法。这四个步骤是循序渐进的，每个步骤都要求采用询问的方法以减少副驾驶因进谏而日后遭受报复的风险，当然也是为了下级机组成员能够切实有效地规劝机长改正错误。这个方法在实际飞行中具有很强的可操作性。铁路领域可以借鉴。

针对轨道交通而言，差错主要指背离机车乘务组意图或预期的成员行为，或调度命令等的错、忘、漏现象，包括不遵守规章制度、违反标准操作程序和政策，以及背离乘务组、公司或地面信号的指令或要求等。使用恰当的对策来避免威胁、差错以提高列车运行的安全裕度是乘务组正常运行职责的一部分，其中一类对策是基于系统的对策，这些资源设备主要包括自动停车装置等，另一类对策是基于个人和乘务组的战略和策略的对策，主要包含计划对策（管理预见的和意外的威胁）、执行对策（发现差错并做出反应）、检查对策（管理改变的运行条件）。

二、轨道交通行车作业领导力的概念

领导力并非单纯指领导的行政权力，而是指团队成员在职责范围内充分利用人力和客观条件，以最小的成本达成任务目标来提高整个团队的任务效率，同时，执行任务过程中的权威性与直陈性直接影响了领导力的实施。领导力五力模型主要包含感召力、前瞻力、影响力、决断力和控制力，具备超强的决断力是领导力能有效实施的重要保证。就乘务员一次标准作业而言，领导力可理解为在一次标准作业过程中，以现场运营条件为基础，列车司机与车站值班员、调度员等人充分配合，以最小的成本完成行车任务，严格按照《技规》《调规》执行，从而提高整个团队的行车效率。

任务二　“8·31”京哈线 1394 次旅客列车脱轨重大事故案例分析

一、事故概况

2004 年 8 月 31 日 7 时 08 分，佳木斯开往烟台的 1394 次旅客列车（编组 18 辆，总重 1047 t，计长 42.7）运行至沈阳局管内京哈线中固站 11 号道岔处，机后 5 位、7

位车各有一位台车脱轨，中断上行正线 2 小时 56 分钟，构成旅客列车脱轨重大事故。

国家铁路局事故调查报告显示：

（1）中固站值班站长 A 违反《技规》第 162 条、171 条行车工作统一指挥的原则和集中操作道岔的有关规定，擅自将信号员派出送绿色许可证，擅自顶岗，在没有得到值班员 B 的命令、没有接到 1 号扳道员 C 的报告、1394 次列车尚未出站的情况下，擅自解锁 1394 次发车进路的 11 号道岔，盲目办理 4 道 11040 次货物列车发车进路，将 11 号道岔操至反位，造成 1394 次旅客列车挤坏 11 号道岔并脱轨，是造成这起事故的主要原因。

微课视频："8.31" 京哈线 1394 次旅客列车脱轨重大事故案例分析

（2）中固站值班员违反《技规》第 257 条、《部标》第 1506 条对于车站值班员接发列车的有关规定，对操纵台没有做到全过程监控，对于信号员 D 离岗、值班站长擅自操纵设备没有及时发现并制止，是造成这起事故的重要原因。

二、事故原因

经过调查，当时，中固站值班员 B 等人正在按照规章要求对 1394 次旅客列车进行接发车作业，B 发出"1394 次列车中固站 1 道停车"的命令后，突然感到腹部剧痛就快步去了卫生间，该车站值班员 B 是一位铁路的老员工，想着 1394 次列车是旅客列车，需要停车上下乘客，短时间内不会有事，就没有给其他人说明情况做出安排。正所谓"无巧不成书"，过了一会，值班室就响起了"中固站 11040 次接近"的声音，值班站长 A 为了中固站接发列车的任务能够及时顺利完成，擅自填写了绿色许可证并命令信号员 D 送出，刚入职的 D 虽然意识到了其中的违规，但想着老员工这么做肯定有其中的道理，就没有提出自己的疑惑，1394 次旅客列车司机签收绿色许可证后，就按规定动车准备出站了；此时值班员 B 仍未回来，1 号扳道员也未报告 1394 次列车出站情况，值班站长 A 擅自将 1394 次发车进路的 11 号道岔解锁，并着急办理了 4 道 11040 次货物列车发车进路；扳道员 C 接到命令后，并没有留意到此时 1394 次旅客列车仍未完全出站，就按照指示扳了 11 号道岔，最终导致了 1394 次列车事故。由此可见，中固站在整个接发车过程中，值班员 B 在整个团队中的权威性不强，导致值班站长 A 擅自顶岗越权指挥操作；扳道员 C 的观察力不足、车站信号员 D 的直陈性不足也是导致事故发生的重要原因。因此，有效的领导力是保证团队能够正确完成行车任务并及时处理异常情况的基础。

三、事故反思

通过本案例的学习，我们深刻体会到团队领导力与车站安全优质接发列车密切相关，良好的领导力意味着车站值班员、值班站长、车站信号员等人员能够各司其职、敢于表达自己的疑惑，能够在高效、和谐的环境中完成接发车任务。在今后的学习中，大家可以通过职业特质培训和练习来提高个人领导力，保证列车运行任务安全优质的完成。

任务三　“7·5”上海地铁2号线夹人事故案例分析

一、事故概况

2007年7月5日晚18点16分，上海市地铁2号线中山公园站往浦东方向的209号列车正在关门作业，列车警示用蜂鸣器同步响起；突然，一名中年女性乘客在车门即将关上之际，将手伸进门中欲强行上车致使手腕被夹。站台安全员发现后，立即上前帮助该乘客向外拽拉，但未果。此时列车启动，并带动该乘客，造成其与安全护栏撞击跌落在站台上。事发后，车站立即拨打120急救车送医院抢救，后经抢救无效死亡。

微课视频：“7·5”上海地铁2号线夹人事故案例分析

后经事故调查报告显示：

（1）司机在关门过程中及屏蔽门关好之后没有认真确认车门与屏蔽门之间的间隙是否安全就盲目动车，是造成本次事件的主要原因。

（2）站台岗安全员发现车门与屏蔽门之间夹人用对讲机通知司机时，司机没有认真监听对讲机，且没有留意站台的情况，只是听到有人呼叫司机，司机没有采取措施，臆测动车，是本次事件发生的次要原因。

二、事故原因

经过调查，上海市地铁2号线往浦东方向的209号列车在中山公园站正常停车2 min，当“嘀嘀嘀”的关门提示音响起时，突然一名中年女性甲某以百米冲刺的速度跑了过来，想赶上这次列车，并伸出胳膊想挡住正在关闭的车门，不出所料，甲某的手腕被夹在了屏蔽门和车门之间。此时站台安全员A发现了这一突发情况，一边帮助甲某往外拽，一边用对讲机联系209号列车的司机B。此时B正按照常规准备动车出站，没有留意站台的情况，虽然仿佛听见对讲机里有人在呼叫他，但他以为是别人因家常小事在呼叫，就没在意，还是按照常规动车了。当A发现车动起来了以后，仍尽力拉着甲某，并大声地呼叫着B，而错失了拍下站台上的紧急停车按钮，最终发生了甲某因夹伤经抢救无效后死亡的惨烈情景。由此可见，在行车过程中，面对突发夹人事故，A错失实施最佳决策的时机，B对突发夹人事故的预见性意识和能力不足是导致事故发生的重要原因。因此，具备超强决断力的领导力是司机和站台安全员高效完成任务的重要保证。

三、事故反思

通过本案例的学习，我们深刻体会到具备超强决断力与车站安全优质接发列车密切相关。超强的决断力意味着地铁司机在站内时仍时刻关注站台情况，可以预见各种可能发生的事故并快速处理；超强的决断力意味着站台安全员在面对突发事故时，可以快速采取有效措施。

任务四　哈大线 K127 次旅客列车冲突重大事故案例分析

一、事故概况

2005 年 7 月 31 日 19 时 45 分，K127 次旅客列车（沈阳机务段 SS90089 号机车）运行至沈阳局哈大线新城子至新台子间，越过关闭的 4333 号通过信号机，于 19 时 49 分与前行的 33219 次货物列车追尾造成冲突脱轨，K127 次旅客列车的机车和机次 1 至 3 位颠覆，4、5 位脱轨，事故造成 5 人死亡，重伤 3 人，轻伤 42 人，构成旅客列车冲突重大事故（见图 5-1）。

图 5-1　哈大线 K127 次旅客列车冲突重大事故

微课视频：哈大线 K127 次旅客列车冲突重大事故案例分析

国家铁路局事故调查报告显示是：

（1）机车乘务员违章操作是事故的主要原因。经查，K127 次旅客列车机车乘务员违反《技规》第 235 条规定，先是两次解锁，以 75 km/h 的速度越过因前方闭塞分区有车占用而显示红灯的信号机，继而又连续 4 次解锁，破坏监控装置功能，以 78 km/h 的速度越过因故障显示红灯的信号机，发现区间有车采取紧急制动措施时，距前行列车仅 11 m 左右。

（2）从 4333 号信号机出现故障至事故发生前，共有 21 列列车（含 K127 次事故列车）通过该信号机，当时车站值班员、列车调度员违章指挥，误导了机车乘务员违章通过故障信号机的行为。

（3）沈阳电务段施工作业后未及时将信号变压器箱和电缆移至新线防护网内，也没有对过渡设备采取有效的安全保护措施，导致信号变压器箱和电缆被盗，造成重大列车冲突事故。

二、事故原因

经调查，2004 年 7 月，沈阳局为确保行车安全，在监控装置模式上关闭了区间通过信号机显示红灯时允许机车乘务员无条件解锁的功能，但同年 12 月，又考虑到对运输的影响，在自闭区间因电务施工改按电话闭塞法时，又恢复了这一监控模式，客观上降低了监控装置的可靠性，为此次冲突重大事故埋下了隐患；4333 号信号机的变压器箱和电缆于 2005 年 7 月 31 日被盗，导致该信号机发生故障，11103 次列车行驶至此时，司机甲某发现解锁无效后，就用 CIR 向车站值班员 A 反应了这个情况，A 随即向列车调度员 B 进行请示并接到了关闭监控装置的命令，然后 A 就向 11103 次列车司机传达了关闭监控装置越过信号机的指示，导致闭塞区间信号机显示异常；当 K127 次列车运行在长大线上时，列车司机 C 看见前方信号机显示红灯时，就按照常规处理违规解锁了，仍以 75 km/h 的速度向前行驶（其实信号机是因为前方闭塞区有车占用而显示红色），当行驶至 4333 号信号机时，司机 C 看见信号机又显示红色就再次进行解锁，无效后就连续 4 次进行强行解锁，并以 78 km/h 的速度继续向前行驶，当他突然看见前方有停着的列车时，就立刻把自动控制手柄推到了紧急制动位，但为时已晚，最终在 k433+535 处撞上了 33219 次货物列车导致了重大伤亡事故。由此可见，在长大线列车运行过程中，列车调度员 B 权威性过强，车站值班员 A 与列车司机甲某的直陈性不足，是出现关闭监控装置越过信号机违规事故的直接原因，也是此次冲突重大事故的前导因素；列车司机 C 的决断力不强、直陈性不足也是导致事故发生的重要原因。因此，有效的领导力是保证团队能够正确完成行车任务并及时处理异常情况的基础。

三、事故反思

通过本案例的学习，我们深刻体会到领导力与行车安全的密切联系。良好的领导力意味着列车调度员、车站值班员、列车司机等人员能够各司其职，敢于坚持自己的立场，危急时刻能够迅速做出最佳的抉择，能够在高效、和谐的环境中完成行车任务。

任务五　上海铁路局“3・21”行车重大事故案例分析

一、事故概况

1992 年 3 月 21 日 3 时 01 分，由南京西开往广州的 211 次旅客列车在浙赣线五里墩站 938 km+733 m 处与正在进站的 1310 次货物列车发生正面冲突，造成 15 人死亡、

34 人受伤。221 次全列 18 辆、935 t，由南昌机务段 ND2-232 机车牵引，司机吴某、副司机陈某值乘，运转车长由宜春车务段潘某担任。1310 次全列 43 辆、2767 t，由问塘机务段配属机车 D#4-3346 牵引，萍乡机务段司机王某、副司机杨某值乘，运转车长由宜春车务段张某担任。按计划，1319 次、1310 次、211 次列车在五里墩站交会。五里墩站值班员安排 1319 次列车进 4 道停车，1310 次列车进 I 道停车，211 次列车机外等信号，待 1310 次列车停妥后再通过。当 1310 次列车于 2 时 51 分通过茶亭子站、211 次列车于 2 时 53 分慢行通过羊石站后，五里墩站值班员即用无线电话呼叫 211 次列车司机，通知其减慢车速、机外停车等信号，但未听到 211 次列车司机回答。直到凌晨 3 时许，值班员发现 211 次列车以正常通过速度冒进五里墩站关闭的下行进站信号机后，立即用无线电紧急呼叫 211 次列车司机停车，助理值班员和扳道员也向 211 次列车显示红灯但均未奏效，211 次列车仍以较高的速度继续冒进关闭的Ⅱ道下行出站信号机，挤坏 4 号道岔，在五里墩站上行进站信号机内方 938 km+733 m 处与正在进站的 1310 次货物列车发生正面冲突，导致 211 次机车及机后第 1 至第 5 位车辆颠覆，1310 次机车及机后第 2、第 3 位车辆脱轨，第 6 至第 8 位车辆颠覆，最终造成死亡 15 人、重伤 8 人、轻伤 26 人，客车报废 4 辆、大破 1 辆；货车报废 5 辆、大破 1 辆、中破 1 辆、小破 2 辆，内燃机车 2 台均报废，线路、信号等设备有不同程度的损坏，中断行车 35 小时 9 分钟，构成行车重大事故（见图 5-2）。

图 5-2　上海铁路局“3·21”行车重大事故

二、事故原因

经过对起复后的 211 次机车驾驶室进行检查，机车自动停车装置控制盒测速发电机插头被拔掉，机车制动机在非常制动位。司机、副司机均已死亡。发生这次事故是 211 次列车司机中断瞭望观测行车、错过制动时机造成的。在安全管理上，部分干部安全思想不牢固，一般号召多，具体落实少，以至于在安全上的漏洞没有及时堵塞。领导干部作风不实，缺乏深入调查研究，对职工中存在的一些问题纠正得不够及时有力；机车乘务员班前充分休息制度没有得到真正落实；安全设施不配套，造成部分机车乘务员在该区段有变相关机的现象存在；整体防范事故功能差，211 次列车晚点后，调度员未能及时组织运行，恢复正点，以至于一晚再晚，影响了乘务员的正常作业。

三、事故反思

安全生产是一项十分复杂的系统工程，是人、机、物、管、环等诸因素的综合反映，因此要做好安全工作，就必须从下列各方面努力：

（1）树立“安全第一”的思想，坚持“全面从严”的精神，落实领导责任制，切实转变作风，扎扎实实搞好安全生产。

（2）加强班组管理，提高职工素质，搞好安全生产的综合治理。

（3）积极采用新技术、新设备，坚持精检细修，把安全生产建立在可靠的物质基础上。

（4）加强思想政治工作，使职工树立工作责任感和集体荣誉感以及企业精神。

（5）开展目标管理，运用系统工程进行倾向性分析，找出问题点，经过系统评价，定出合理制度和有效措施。

（6）关心职工生活，解决职工实际问题，调动职工积极性。

（7）做好劳动保护工作和环境保护工作，保证工人安全和身体健康。

任务六　郑州地铁 5 号线“7・20”事件案例分析

一、事故概况

郑州地铁 5 号线“7・20”事件是一起由极端暴雨引发严重城市内涝，涝水冲毁五龙口停车场挡水围墙、灌入地铁隧道，郑州市地铁集团有限公司和有关方面应对处置不力、行车指挥调度失误，违规变更五龙口停车场设计、对挡水围墙建设质量把关不严，造成重大人员伤亡的责任事件。2021 年 7 月 20 日，郑州持续遭遇极端特大暴雨，导致地铁 5 号线五龙口停车场及其周边区域发生严重积水现象。当日 18 时许，积水冲垮出入场线挡水墙进入正线区间，导致 5 号线一列列车被洪水围困。经全力施救，有 12 名乘客不幸遇难。河南省委省政府、郑州市委市政府立即成立工作专班，全力组织开展搜救排查、抢险排水，分别于 2021 年 7 月 24 日下午 2 时、7 月 25 日上午 6 时 30 分左右又发现 2 名遇难者。共有 14 人不幸遇难。

二、事故原因

2021 年 7 月 20 日，郑州持续遭遇极端特大暴雨，导致郑州地铁 5 号线五龙口停车场及其周边区域发生严重积水现象。18 时许，积水冲垮出入场线挡水墙进入正线区间，导致 5 号线一列列车被洪水围困。经全力施救，14 名乘客不幸遇难。

7 月 20 日，地铁 5 号线 04502 次列车行驶至海滩寺站至沙口路站上行区间时遭遇涝水灌入、失电迫停，经疏散救援，953 人安全撤出、14 人死亡。调查认定，这是一起由极端暴雨引发严重城市内涝，涝水冲毁五龙口停车场挡水围墙、灌入地铁隧道，郑州市地铁集团有限公司和有关方面应对处置不力、行车指挥调度失误，违规变更五龙口停车场设计，对挡水围墙建设质量把关不严，造成重大人员伤亡的责任事件。

（1）领导应对处置不力，未及时采取预警响应行动。7 月 19 日至 20 日，气象部门多次发布暴雨红色预警后，郑州地铁集团有限公司未按有关预案要求加强检查巡视，对运营线路淹水倒灌隐患排查不到位；在 20 日 15:09 五龙口停车场多处临时围挡倒塌、16:00 地铁 5 号线多处进水的情况下，郑州地铁集团有限公司没有引起高度重视，没有领导在线网络控制中心（OCC）和现场一线统一指挥、开展有效的应急处置，直到 18:04 才发布线网停运指令，此时列车已失电迫停。郑州地铁集团有限公司应对处置管理混乱，未执行重大险情报告制度，事发整个过程都没有启动应急响应，18:37 乘客疏散被迫中断，但直到 19:48 地铁运营分公司才向郑州地铁集团有限公司值班处报告，400 多名乘客已被困车厢 1 个多小时，严重延误了救援时机。

（2）行车指挥调度失误。20 日 17 时左右，涝水冲倒停车场出入场线洞口上方挡水围墙、急速涌入地铁隧道后，因道岔发生故障报警，列车在海滩寺站被扣停车，在没有查清原因、不了解险情的情况下于 17:46 又放行。17:47 水淹过轨面后，司机按照规定制动停车，但 OCC 主任调度员在未研判掌握列车现场险情的情况下，指令列车退行，约 30 m 后列车失电迫停，导致列车所在位置标高比退行前所在位置标高低约 75 cm，增加了车内水深，加重了车内被困乘客险情。

（3）违规设计和建设施工。一是擅自变更设计。郑州地铁集团有限公司为了物业开发，将五龙口停车场运用库东移 30 m、地面布置调整为下沉 1.973 m 布置，使停车场处于较深的低洼地带，导致自然排水条件变差，不符合《地铁设计规范》的相关规定，属于重大设计变更，但未按规定上报审批。二是停车场挡水围墙质量不合格。停车场围墙按当时地面地形“百年一遇内涝水深 0.24 m”设计，经调查组专家验算“百年一遇”应为 0.5 m。建设单位未经充分论证，用施工临时围挡替代停车场西段新建围墙，长度占四成多，几乎没有挡水功能；施工期间，又违反工程基本建设程序，对工程建设质量把关不严，围墙未按图做基础。三是五龙口停车场附近明沟排涝功能严重受损。明沟西侧因道路建设弃土形成长约 300 m、高约 1 ~ 2 m 带状堆土，没有及时清理，阻碍排水。有关单位违规将部分明沟加装了长约 58 m 的盖板，降低了收水能力。

三、事故反思

要深刻汲取郑州地铁 5 号线淹水倒灌事件教训，坚决抓好城市轨道交通运营安全各项工作，加强领导力和精准应对措施，切实建立、完善、落实安全管理规章制度，依法管理。深刻吸取事故教训，牢固树立“安全第一”的思想，把安全工作放在重中之重的位置，处理好安全与生产、经营、改革的关系。针对恶劣的行车条件，充分预想，科学制定应急事故处置预案，加强现场演练工作，尽量减少事故造成的损失。

切实提高调度人员的行车领导力，做到有效组织、统一指挥，提高职工现场事故应急处理能力，切实保障行车安全，让党中央放心、让人民群众放心。

项目小结

本项目结合五个轨道交通领域的具体事故案例，通过描述事故概况，引导读者从领导力的人因角度分析事故原因，最后对事故整体进行事故反思。本项目的知识体系结构如图 5-3 所示。

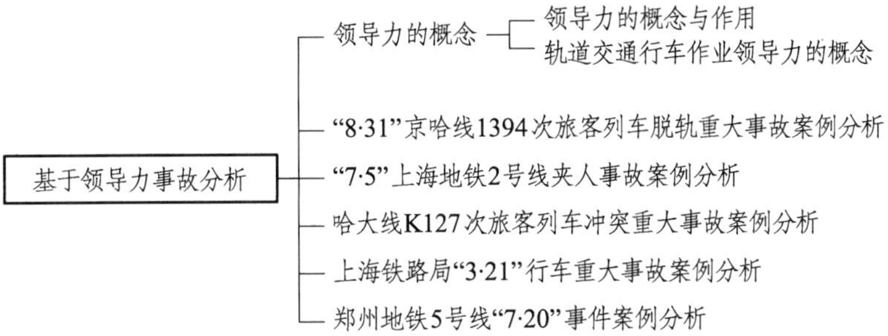

图 5-3　“基于领导力事故分析”知识体系结构示意图

思考训练

1. 简述领导力的概念。
2. 例举一例基于领导力的事故案例进行分析。

项目六　基于自我管理事故分析

某电厂 4 车间 1 号柴油发电机组（额定容量为 21.8 MW）在检修期间，车间人员借用了运行班一套套筒扳手，打开发电机励磁侧的封板进行检查。在归还工具给运行班时，没有进行认真的清点，结果将其中一件套筒头遗留在发电机内而没有及时发现。机组启动后造成该发电机定子线圈严重损坏，被迫将该发电机定子线圈全部更换，直接经济损失 60 万元。这是一起典型的人为自我管理生产安全事故。所以，加强企业管理和员工培训教育，增强工作人员的安全意识和责任意识，提高其自控能力和自我管理等职业素养尤为重要。

中国高铁——时代脉动

任务一　自我管理概述

一、自我管理的概念

自我管理，可以视为与自我关系的管理，是指个体对自己本身，对自己的目标、思想、心理和行为表现进行的管理，又称为自我控制，是利用个人内在力量改变行为的策略，普遍用于减少不良行为与增加好的行为。自我管理能力是一个较为宽泛的概念，在医疗领域已有大量的研究，并认为有效的自我管理有利于病人的康复。列车司机承载着轨道交通运输的重任，良好的自我管理能力是其工作安全性、有效性的有力保证。

自我管理包括两个方面，即差错与违规管理以及工作负荷管理。差错与违规是指在列车运行期间应加以注意和应对的外部事件或差错，违规可能是来自列车工作人员本身，也可能是来自列车乘客，包括不遵守规章制度、违反标准操作程序和政策，以及背离乘务组、公司或地面信号指令或要求等；工作负荷是指工作人员在给定的行车时间内可以完成的工作量。

二、差错与违规

通常，差错代表的是个人导致的没有达到预期结果的精神和身体的活动。毫无疑问，犯错是人的本性，多数事故发生的原因就是这些不安全行为。违规指的是故意不遵守确保行车安全的规章制度。很多组织的致命伤就是这些不可宽恕的、完全“可以制止的”不安全行为。

差错和违规的类型见图 6-1，其中包含了三种类型的差错：技能的（skill-basederror）、决策的（decision-basederror）和知觉的（perceptual-basederror），两种形式的违规：习惯性的（routine）和偶然性的（exceptional）。

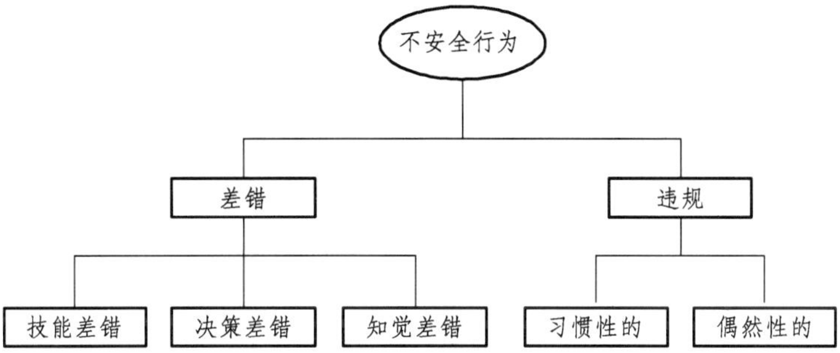

图 6-1　差错与违规

（一）差错

1. 技能差错

轨道交通领域的技能行为包括操纵驾驶台或其他基本操作技能。这些技能动作特别容易因注意力分配不当或记忆失能而产生差错。事实上，很多技能差错与注意力分配不当有关，例如操作模式不当、过度关注任务目标、无意识地触发控制、不按顺序执行程序等，见表 6-1。

表 6-1　操作人员不安全行为的例子

技能差错	习惯性违规
·瞭望中断	·手指、口呼不到位
·无意中触碰了紧急制动按钮	·没有采用行调建议
·技能/驾驶技术不成熟	·进入没有授权的区段
·漏掉检查单上的项目	·违反操作规则
·漏掉程序中的步骤	·极端气象条件下操作不规范

续表

技能差错	习惯性违规
·过度依赖自动驾驶	·没有按照流程操作
·注意力分配不当	·违反命令、规章和标准操作程序
·任务超过负荷	·告警指示灯亮后没有检查列车
·消极的习惯	·没有平稳驾驶列车
·没有看到错误并加以避免	·超过行车时间
·走神	·冒不必要的危险
·紧急情况处置不当	·过期的驾驶资格
·没掌握系统/程序的知识	·超过行车时间
·超出能力范围	·冒不必要的危险

注意：表中所列的并不是全部内容。

与注意力分配不当相比，记忆失能常常表现为遗漏检查单的某些项目、忘记物品存放位置、忘记意图等，这些都是大多数人日常生活中发生过的。例如，很多爱喝咖啡的人在他一生中至少有一次这样的经历：咖啡壶里煮的只有水，因为他忘记了放咖啡。如果在日常生活中会出现这些差错，那么在高速行车中漏掉紧急情况处理程序的关键步骤就不会令人吃惊了。

2. 决策差错

第二种差错形式是决策差错，意思是刻意的行为按照计划进行了，但是计划不充分，或者对形势而言并不恰当（见表 6-1）。它常常被视为“诚实的错误”，这些不安全行为代表心地善良的个人的作为或者不作为，只不过他们缺乏恰当的知识或者仅仅是作出了错误的选择。

作为大多数事故重点调查的差错形式，决策差错可以分为常见的三类：程序错误、选择不当和问题处理差错。决策差错中的程序差错（Orasanu，1993）或者拉斯穆森（Rasmussen，1982）表述的规则差错，发生在高度结构化的任务中。对于轨道交通领域来说，列车驾驶，特别是高速列车驾驶，本质上是高度结构化的任务，因此多数驾驶员的决策差错是程序错误。实际上，在驾驶的各个阶段都有十分明确的、需要执行的程序，不过，当事态没有被识别出来或者错误识别，并应用了错误程序时，差错就会出现，并且会时常出现。当驾驶员面临如牵引过程中牵引电机失效等时间紧迫的紧急情况时，上述情况就会出现。

即使在航空领域，也不是每种情况都有相应的处理程序。因此，很多情况需要在多种对策中选择一种。设想一下，离家已经一周的飞行员在飞回家的路上，出乎意料地碰上了一条横在航线上的雷雨带。他可以绕着飞，转向别的机场直到坏天气消失，或者直穿过去，期望快速通过。当面临这样的情况时，决策差错中的选择差错（Orasanu，

1993）或者著名的拉斯穆森（Rasmussen，1982）知识差错就会出现。特别是当经验不足、飞行时间不长或者有其他的外界压力时，就不可能有安全的决策。简单来说，有时我们能作出正确的选择，有时则不能。最后，也会有理解问题不彻底的情况，此时就没有正常的程序和对策可供选择了。恰恰是出现这些错误认定的情况时，需要找到独特的处理办法。从某种意义上讲，当飞行员面临从来没遇见过的情况时，很多时候不得不凭感觉飞行。面临这种时间宝贵的紧急情况，人们还必须求助于缓慢的、努力的推理，毫无疑问，这种形式的决策与其他形式的决策相比，很少出现，现实中出现相应问题处理差错的比例要显著高一些。

不可否认，决策差错与技能差错有显著的差别，前者含有故意的、有意的行为而后者是高度自动化的行为。

知觉差错可以预测，当一个人的知觉和实际情况不符时，差错就会发生。就像出现视觉错觉和空间定向障碍时的情况一样，当感觉器官的信息输入减少或者与平常不同时，知觉差错就会发生。

（二）违规

根据定义，差错发生在组织制定的规章制度之内，而与之对应的违规意味着故意忽视确保安全驾驶的规章制度。幸运的是，由于后果往往是致命的，违规很少发生。

违规包括：在不准确的时刻开启控制器，识读仪表错误，错误使用控制器，因振动等干扰而心情不畅，未在仪表出错时及时采取行动，未按规定的程序进行操作，因干扰未能正确理解指导，等等。

1. 起始动作失误

（1）操作前的检查工作不规范。

（2）认为团队成员已经知道，因此未作出行动和联系。

（3）未能判断，急忙动作。

（4）未能抑制感情起伏和冲动，野蛮操作。

（5）犹豫不决，操作过迟。

2. 操作、动作的失误

（1）姿势变化过大，误触按钮。

（2）站起时过猛引起晕眩。

（3）动作错误（顺序错误）。

（4）由于动作简单重复而导致操作顺序混乱，动作疏漏。

（5）由于某一操作突然中止，使紧密相连的动作也随之中断。

3. 操作对象错误

（1）由于中途插进其他事情，导致操作阀门错误。

（2）按钮形状大小、颜色完全相同，易造成差错。

（3）操作方向错误。

（4）操作不自然，不顺手，导致错误。

4. 操作后的确认失误

（1）没有得到操作结果的信息反馈，或沟通不畅，无法确认。

（2）本来打算确认，但是受到干扰，最后忘记确认。

（3）完全忘记确认。

三、工作负荷管理

工作负荷是人体在特定任务中的最大瞬间力量或在给定时间内可完成的工作量，又叫工作强度或劳动强度。一般情况下，工作负荷既应包括工作消耗的能量，也应包括工作的难度和复杂性。也就是说，广义的工作负荷还应包括心理负荷，心理负荷是工作负荷的一部分。

工作负荷本质上揭示的是人与岗位（或任务）之间的适配程度。当岗位所带来的工作负荷过高时会导致工作任务无法完成，或短时间内对作业人员造成巨大的身心压力，使工作绩效降低、错误率上升。当工作负荷过低时又会引起作业人员精神疏忽、警觉性下降、作业资源浪费等不良后果。工作负荷是连接人与岗位的交互性概念，通过互动机制影响人员在岗位上的配置方案。在学术界有关工作负荷的内涵尚未形成统一的共识，它的定义和评价方法往往是多样的。

对工作负荷的定义往往是多维度的，如美国航空航天局提出的任务负荷指数（NASA Task Load Index，NASA-TLX），将工作负荷划分为六个维度进行评价：脑力需求、体力需求、时间压力、努力程度、作业绩效及在工作中的受挫程度。张嫵在研究地铁行车调度的工作负荷时认为，调度岗位的工作负荷与工作需求、任务难度、时间压力及操作者能力相关。刘志永等人认为工作负荷涉及任务要求、人和环境三方面的因素，应该具体情况具体分析。由于工作负荷是人与岗位的交互性概念，当工作负荷的定义以人为主体时，则往往与人作为智能体、生命体所拥有的资源有关，如 McCracken 和 Aldrich 提出的 VACP 理论，将工作负荷定义为工作任务对人的视觉处理资源、听觉处理资源、认知资源、输出资源四个通道资源的使用情况。Brookhuis 等人将工作负荷定义为用于任务执行的人体特定的信息处理能力。Liang 等人认为脑力工作负荷为执行任务中人进行信息处理所用到的资源。当工作负荷定义以岗位及任务为主体时，则与岗位及工作任务的具体需求相关，如 Aldrich 等人提出的任务的总注意力需求，特定任务类型分别具有对相应处理资源的需求、任务绩效对操作者的注意力需求等。

以轨道交通行车调度为例，轨道交通调度系统是一个复杂的由人、机、环境、管理构成的大系统，是城市轨道交通这个巨大联动机的命脉，也是保障轨道交通运营安全的根本。轨道交通调度指挥系统是保证列车安全、准点、高效运行的轨道交通运行控制系统与管理系统，而人是人—机—环—管环节中主观能动性最强的一方，也是最容易出现失误、差错的一方。

保证每一位乘客能够安全、及时地从出发地到达目的地是城市轨道交通的运营宗旨。城市轨道交通调度员肩负着运营安全的重大使命，管理着运营核心工作，同时他们指挥列车运行，是运营组织的中枢。他们的能力对运营线路的安全以及运输旅客的效率起到了决定性作用，乘客们的出行安全和舒适度与调度控制能力息息相关。特别是在前方线路遇到运营突发事件或者设备故障等情况下，有可能会直接影响到轨道交通的正常运营，如果此时行车调度员能及时合理地对故障类型进行判断，科学灵活地运用专业知识制定调度调整策略，则能够在一定程度上降低运营事故影响程度，减少运营损失，维持一定的轨道交通降级运输能力。但是，有人的工作环节就会产生工作负荷，行车调度员的能力与其工作负荷紧密关联，因此，保障轨道交通运营安全以及轨道交通公司人员合理配置的一个前提条件是，保证行车调度员能在合理的工作负荷水平上维持良好的操作绩效。轻松的工作负荷会让调度员工作松懈，降低调度效率以至于造成调度资源的浪费；而较重的工作负荷会对城市轨道交通行车调度员的身心造成影响，轻则导致调度员失误率升高，绩效下降，重则可能导致重大安全隐患或事故发生。

任务二　“7・10”163 次旅客列车追尾事故案例分析

一、事故概况

1993 年 7 月 10 日，北京开往成都（洛阳列车段担当值乘）的 163 次旅客列车运行至京广线新乡南场至七里营间，与前行的 2011 次货车发生追尾冲突，造成乘务员 32 人死亡，7 人重伤，4 人轻伤；旅客 8 人死亡，2 人重伤，35 人轻伤；机车中破 1 台，客车报废 3 辆，客车小破 15 辆；货车报废 1 辆，大破 2 辆；中断京广线正线行车 11 小时 15 分钟。这次事故是郑州铁路局客运乘务员伤亡最为惨重的一次事故，事故造成的后患影响至今（见图 6-2）。

国家铁路局事故调查报告显示，163 次列车司机错误理解调度命令的内容，擅自关闭机车信号和自动停车装置，严重违章蛮干，玩忽职守，遇黄灯不减速，遇红灯不停车，致使客货列车追尾冲突；相关人员对“夜间客运机车列车有干部添乘”的规定执行不坚决，措施不得力，对石家庄至郑州间实行继乘的 18 对列车未安排人员添乘，没能防止事故发生，是造成事故发生的间接原因之一；相关调度员发布命令不严肃，相关车站人员执行制度不严，也是促成事故发生的间接原因之一。

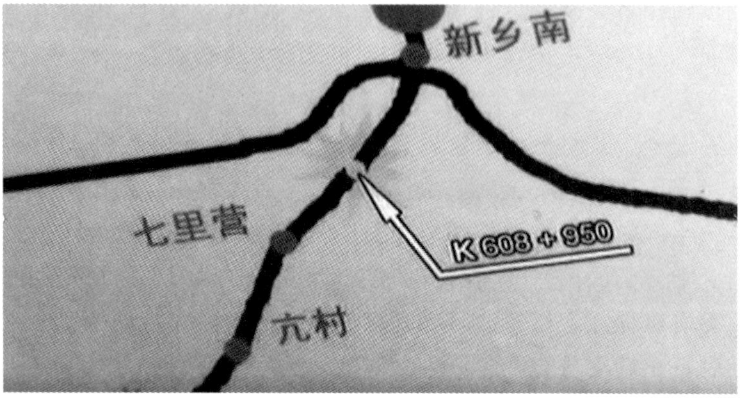

微课视频："7·10"
163次旅客列车追尾
事故案例分析

图 6-2　"7·10" 163 次旅客列车追尾事故

二、事故原因

经过调查，1993 年 7 月 9 日下午，京广线安阳至广武间受暴风雨的影响，导致铁路自动闭塞供电设备停电，打乱了正常的铁路运输秩序。郑州铁路分局调度员周某于 2 时 40 分下达了第 1828 号调度命令：在新乡南场至老田庵各站停止基本闭塞法，改用特定闭塞法。23 点 50 分，周某又下达命令，将原 1828 号调度命令内容改为：七里营至老田庵各站间，停止基本闭塞法，改用特定闭塞法。从 23 点 55 分开始，新乡办理了 9 列客车闭塞。7 月 10 日 2 点 15 分，2011 次货车从新乡南场开出，由于七里营站满线，该列车在新乡南场至七里营间运缓。2 点 40 分，163 次旅客列车从新乡南场开出，担当这次乘务的北京铁路局石家庄铁路分局石家庄机务段司机王某、副司机刘某，在接到 1828 号调度命令后，未经确认，错误理解命令内容，出现了将新乡南场至七里营启动闭塞区间误认为是特定闭塞区间的差错，并擅自关团了机车信号和自动停车装置，运行中精神不集中，遇黄灯不减速，遇红灯不停车，时速高达 80 km/h 左右，在距离 2011 次列车尾部约百米处发现前方有车时，已错过制动时机，导致 163 次列车追尾 2011 次列车。在此次行车过程中，司机王某、副司机刘某没有使用恰当有效的对策来避免差错，主要体现在执行调度命令不认真、违章作业等方面。所以，良好的差错管理能力使机车司机能够以更积极的方式集中精力于正在进行的工作和需要解决的突发情况上，进而能适时地采用恰当对策来避免差错。

三、事故反思

通过本案例的学习，我们深刻体会到自我管理中威胁和差错管理与行车安全的密切联系，良好的威胁和差错管理意味着司机能使用恰当的对策对个人、列车、环境等因素引起的差错进行有效避免。

任务三　湘桂线 1337 次旅客列车火灾事故案例分析

一、事故概况

2001 年 1 月 11 日 5 时 21 分，郑州开往昆明的 1337 次旅客列车运行至柳州局管内湘桂线军田村至大溶江站间 k314+358 处，机后 10 位餐车（CA2392116）因人为放火，列车乘务员拉紧急制动阀停车，列车停车后，机车、车辆乘务员共同配合，将着火车辆与列车前、后部车辆分离，大溶江车站值班员接到运转车长的报告后，立即向列车调度员汇报，并及时通知当地消防部门于 7 时 10 分将火扑灭。着火餐车甩在大溶江车站，10 时 27 分，1337 次列车欠编从大溶江站开出。延误本次列车 5 小时 6 分钟，中断正线行车 2 小时 21 分钟；餐车报废 1 辆，软卧车小破 1 辆。直接经济损失 28.378 万元，构成旅客列车火灾重大事故（见图 6-3）。

图 6-3　湘桂线 1337 次旅客列车火灾事故

微课视频：湘桂线 1337 次旅客列车火灾事故案例分析

二、事故原因

经过调查，2001 年 1 月 10 日，放火犯罪嫌疑人甲、乙（女）持武昌至六盘水的硬座车票，在武昌站上了 1337 次车的 10 号车厢，当时车厢因人多没有座位可坐，但是他们看见 10 号车厢乘务间有 3 个学生旅客，甲也想进去，列车员不让他进，二人就此发生争执。21 时 30 分列车在株洲开车后，列车长巡查到 10 号车厢时，甲问列车长是否有卧铺票，列车长告诉甲某卧铺没有了，但可以到餐车休息，并带甲、乙夫妇及其女儿到餐车，坐在运行右侧的第 3 号桌的位子上，补了 40 元夜餐票。23 时后，餐车给买夜餐票的乘客每人发夜餐 1 份及矿泉水或啤酒 1 瓶。当时坐在甲对面的一位旅客反映，甲用一小刀刮酒瓶上的商标。4 时 20 分左右，软卧车厢列车员路过 3 号桌时，甲大喊“不要过来，谁过来就杀谁”。经乘警多次劝阻无效，僵持了 40 分钟左右，甲便手拿啤酒瓶打烂后用破瓶口割自己的手腕，同时叫乙点火，乙用打火机对着 3 号桌的窗帘开始点火，后依次点着 2 号桌及 1 号桌的窗帘后，甲便从桌子上跳下，在桌子下面拿出一个 5 升的塑料桶，打开盖后倒出里面的液体到处乱洒，导致火势突然猛烈起来，当时在餐车内的 2 个乘警、代车长、4 个列车工作人员及在场的部分旅客参与灭火，代车长拉动紧急制动阀。停车后，甲、乙夫妇两人见列车混乱，工作人员忙于救火之际，带着小孩趁机逃跑，后被公安机关抓获。在列车运行过程中，面对乘客纵火的突发威胁，列车工作人员未能及时采取果断有效的对策进行制止，是这起旅客列车火灾重大事故的主要原因之一。因此，良好的威胁和差错管理能力能帮助列车工作人员及时采取有效对策，避免或较好处理各种潜在威胁。

三、事故反思

通过本案例的学习，我们深刻体会到自我管理中威胁和差错管理与行车安全的密切联系，良好的威胁和差错管理意味着列车工作人员能及时采取恰当的对策，对个人、列车、环境等因素引起的差错进行有效避免。同学们可以通过职业特质培训和训练来提高自我管理水平，保证列车安全运行。

任务四　1969 年北京站 44 次/87 次列车撞车事故案例分析

一、事故概况

1969 年 5 月 29 日晚上 22 时 19 分，北京铁路局北京内燃机务段的东风型 1210 号机车，牵引由兰州开往北京的 44 次特快旅客列车到达双沙铁路东郊站，因当日北京工程段在内燃机务段扩建施工时铲断了地下电缆，造成东郊站至北京站间半自动闭塞系统故障，改用电话闭塞法行车，因此 44 次列车在东郊站临时停车接过路票，并于晚上 22 时 20 分从东郊站开出。当列车接近北京站时，司机和副司机两人看见进站信号机显示红灯，但司机盲目认为路票有效范围包含进站，并不顾副司机劝阻，执意越过进站信号机开往北京站，当发现前方进路有列车迎面开来时已停车不及，于晚上 22 时 27 分在北京站 57 号道岔处与由北京开往太原的 87 次旅客列车发生正面冲突（由北京铁路局保定机务段的人民型 1224 号蒸汽机车牵引）。事故造成 87 次列车司机和司炉死亡，旅客和列车乘务人员重伤 10 人、轻伤 457 人，机车大破 3 台，客车大破 4 辆、小破 19 辆。5 月 30 日，时任国务院总理周恩来亲自到北京站调查处理这一事故。

微课视频：1969 年北京站
44 次/87 次列车撞车
事故案例分析

铁道部调查组事故调查报告显示，44次列车本务机车正司机臆测行车、盲目蛮干，错误地理解路票的使用范围，不听副司机劝告，一意孤行地违章冒进红色信号机，最终酿成事故，对这起事故负直接责任；列车调度员没有严格按照规定将完整的调度命令告知44次列车司机，造成司机理解有误，对这起事故负重要责任；当时铁路系统管理混乱、权责不明也是造成事故的客观原因。

二、事故原因

经过调查，1969年5月29日晚上22时19分，从兰州站开往北京站的44次特快旅客列车缓缓驶入位于双沙铁路上的东郊站，停车后；44次列车本务机车司机甲某从值班员处得知：由于当日北京工程段在内燃机务段扩建施工，在22时15分的时候挖掘作业不慎铲断了地下电缆，造成东郊站至北京站区间的半自动闭塞系统暂时无法使用，需要改用电话闭塞法行车。甲某领取完路票后，随后在出站信号机显示绿灯后重新起动列车，于22时20分从东郊站开出。东郊站距北京站只有短短五分钟的车程，但就东郊车站给的路票的涵盖区间范围，司机甲某与副司机的看法产生了不小的分歧，在北京铁路局北京内燃机务段待的时间较长的副司机乙某认为手里的这张路票只对东郊站的出站信号机有效，而对北京站的进站信号机是无效的；而刚从太原铁路局支援到北京铁路局的正司机甲某则认为路票有效范围包含进站，按照乙某的观点，列车在进入北京站前还要注意观察该站的进站信号机亮什么灯再选择是否进站、以何种方式进站；按照甲某的观点，列车无须注意北京站的进站信号机，而是可以直接进站。两个人就在这一段不长的行车路途中一直在争执着手中这张路票到底能有多大效用范围。

在距离北京站1 km的位置，甲、乙两人很清楚地看到北京站的进站信号机显示红色，乙说："前方的进站信号机是红灯，快停车！"甲某依然坚持道："我有路票，不用管那个红灯，可以直接进站。"就在这一念之间的犹豫中，44次列车呼啸着冒进并越过了亮着红灯的进站信号机，继续往北京站行驶。由于北京站进站方向带有坡度，22时27分，44次列车与87次列车发生了剧烈碰撞。

在东郊站至北京站行车过程中，遇到路票管辖范围不确定的状况时，没有及时停止无用的争执，没有合理地对紧急任务进行分配和计划，没有对工作负荷进行有效的管理，导致发生严重的人身伤亡事故。因此，有效的工作负荷管理对驾驶安全至关重要。

三、事故反思

通过本案例的学习，我们深刻体会到工作负荷管理与行车安全的密切联系，有效的工作负荷管理意味着乘务人员在工作负荷增大时，能把注意力集中在重要任务上，停止无用的争执，对任务能进行合理的分配和计划。在今后的学习中，大家可通过职业特质培训和训练，提高工作负荷管理水平，保证列车安全运行。

任务五　焦柳线 L361 次旅客列车火灾重大事故案例分析

一、事故概况

2001 年 2 月 7 日，时值春运返程客流高峰期间，为了补充运力缺口，各铁路局纷纷加开临时旅客列车，由绵阳站开往广州站的 L361 次列车就是这么一列“临客”列车（2 月 6 日从绵阳站始发），列车的乘务服务由成都铁路局成都分局成都客运段绵广二组担当。

23 时左右，L361 次列车正行驶在郑州铁路局襄樊分局管辖的焦柳线下行线赶子幽站至西斋站区间段。由于夜已深，列车上的部分乘客已经入睡，但仍有许多乘客毫无睡意，由于当天是元宵节，没有睡觉的乘客在各自的座位上或者铺位上吃着零食聊着天，憧憬着自己在新的一年里的愿景，车厢内一片节日的喜庆气象。23 时 10 分，列车机后第 2 位车厢，即 15 号硬卧车厢的列车员张某恋恋不舍地离开了宿营车的铺位，准备前往 15 号车厢当班。但是他并没有打算认真地去当班，而是抱起他的被褥、枕头，打算到 15 号车厢的广播室里继续睡觉。

按照规定，广播室的钥匙由广播员周某保管，因此张某向同在宿营车和另外 8 名列车员围坐在一个包厢内一边嗑瓜子、一边喝酒/饮料、一边侃大山的周某索要广播室的钥匙，周某不假思索的就将钥匙从身上取出交给张某，并告诉他把广播室的门打开后再回宿营车把钥匙还给他。张某拿着周某的钥匙，同时点起了一根烟叼在嘴里，随后一手抱着被子和枕头，一手揣着钥匙来到 15 号车厢的广播室，用钥匙将门打开后准备进入室内放枕头、铺被子。但在进门的过程中，张某嘴里叼着的烟卷不慎被门碰落，张某粗略地找了一下，没有找到掉落的烟卷，心想反正也抽得没剩多少了，烟烧完了会自己熄灭的，因此他没有继续寻找，而是将手中的被子和枕头放在广播室的长凳上后就拿着钥匙返回宿营车将钥匙还给周某，离开的时候他将广播室的门带上，并习惯性地用钥匙将门反锁。

按道理在交还完钥匙后，张某应该立即返回 15 号车厢的岗位上，但毕竟当天是元宵节，9 名同事还正聊得起劲，兴致高涨，其中也不乏正在当班者，因此张某不打算马上回到 15 号车厢的岗位上，而是接过一个同事递来的香烟点燃，加入到扎堆聊天的“龙门阵”中，丝毫没有想到一场由他亲手种下的恶果正在暗中生根发芽。

0 时 21 分，当列车运行至赶子幽—西斋间的 k781 + 406 处时，15 号硬卧车厢的 1 名起夜的乘客发现有黑烟从广播室里冒出，大吃一惊的乘客赶忙高声呼喊列车员，可张某此时还在宿营车，根本没听到呼喊声。当几分钟后张某结束了宿营车的聊天进入 15 号车厢时，该乘客随即告诉张某——广播室有黑烟，快去看看。凭借职业敏感和经验，张某当即发觉大事不妙，立即拿着钥匙冲向广播室，当他用钥匙拧开门锁，刚把门打开仅有 1 尺宽的时候，火苗和浓烟就从广播室里喷涌而出。如果此时张某立即将广播室的门关上，并立即拉动车厢的紧急制动阀，也许能把损失降低。但是张某却在没有将广播室的门关闭的情况下就去拉位于乘务室对面的紧急制动阀，任由火焰和浓烟窜出广播室涌入车厢内部。当张某来到紧急制动阀前将阀门的红色手柄拉下，在还没拉到底的时候，张某就因为惊慌而匆匆地松了手，正是这一系列不到位的操作加速了火势的蔓延。

当 L361 次列车本务机车司机终于接到紧急制动的讯息并将列车刹住停下时，15 号硬卧车厢已经陷入一片火海，乘客争相逃命，但最终还是有 4 名乘客逃生不及葬身火海。15 号硬卧车厢的大火在 2 小时 30 分钟后才被扑灭，车厢已经被烧成一副空骨架，直接报废。造成焦柳线下行线中断行车 4 小时 39 分钟，幸亏乘务人员及时将 15 号车厢与前位机车和后位车厢脱钩解体，因此机车和其他车厢没有受到损失。将烧毁的车厢甩开后欠编继续运行，总共延误 5 小时 44 分钟。构成一起旅客列车火灾重大事故。

二、事故原因

铁道部的调查组经过调查后认定，L361 次列车火灾重大事故的直接原因是由于列车员张某严重违纪、当班时间参与扎堆喝酒，携带火种擅入广播室，并遗留火种（烟头）引燃可燃物（棉被、枕头等物）导致。张某作为直接责任人，被成都铁路局处以开除路籍的行政处分，并送交司法机关追究刑事责任。

部分列车员在当班时间擅自离岗串岗，聚众扎堆，在宿营车抽烟、喝酒、聊天，导致事故发生时不能及时赶到现场，劳动纪律松弛，规章制度形同虚设，班组管理松懈，导致关键岗位、关键人员和现场作业失去控制；广播员周某违反广播室管理制度，私自将广播室钥匙交予他人，为张某违章违纪行为（即“两违”行为）提供便利，严重失职失责，是导致这起事故的重要原因。周某作为重要责任人被处以开除路籍的行政处分，L361 次列车其他相关责任人员（在宿营车参与聊天的列车员、列车长、乘警等人员）被处以开除路籍、留路查看、行政撤职、行政记大过不等的处分；负有管理责任的相关人员（成都客运段和成都铁路分局相关领导）被处以行政记大过、行政记过和行政警告等处分。

三、事故反思

（1）通过本案例的学习，我们可以深刻体会到自我管理与行车安全关系的重要性，列车乘务人员没有良好的自我管理意识，对“两违”明知故犯，让无辜乘客成了“两违”的牺牲品。

（2）部分干部职工安全工作思想错位、管理薄弱、纪律松弛，“安全第一，预防为主”的思想没有在个人思想上扎根、行动上落实，存在严重的失管、失控、失察现象。

（3）抓好班组自我管理，彻底解决现场作业失控的问题。一是把思想好、有责任感、业务强、纪律严、能管理的同志选拔到工班组长的位置上，责、权、利统一；二是扎扎实实开展“自控型班组”创建活动；三是搞好职工的业务技术和安全教育工作。

（4）加强各单位及个人自我管理，保障行车安全。

任务六 “6·4”兰新线 K596 次旅客列车与作业人员相撞事故案例分析

一、事故概况

2021 年 6 月 4 日 5 时 18 分，中国铁路兰州局集团有限公司武威工务段金昌车间在兰新线玉石至金昌站间下行线进行线路机械维修作业，因捣固稳定车临时故障，作业负责人在组织作业人员转场跨越铁路线路时，跨线人员与 K596 次旅客列车发生相撞，造成 9 人死亡（见图 6-4）。

图 6-4 “6·4”兰新线 K596 次旅客列车与作业人员相撞事故

6 月 4 日 2 时 54 分，武威工务段金昌线路车间副主任张某作为作业负责人，组织车间参与作业人员召开维修作业准备会，部署维修作业组织方案和人员分工，共有 5 名武威工务段职工和 18 名劳务工参与 k361+850 处机械维修作业，指定周某为带班人员。因作业地段处于曲线和通信不良地段，将负责作业人员防护的防护员调整为中间防护员，将负责应急组的防护员调整为负责作业人员防护的防护员。

6 月 4 日 4 时 20 分，按照武威工务段驻站联络员的登记请求，玉石站车站值班员向列车调度员申请，列车调度员发布调度命令，自接令时起封锁金昌站至玉石站间下行线，准许武威工务段在 k360+000 至 k368+000 处进行线路机械维修作业，限 7 时 22 分维修完毕。

作业负责人张某带领作业人员从 k361+900 处上行线一侧作业门进入防护网，跨越上下行线，沿路肩行走到 k361+850 处作业地点。捣固稳定车按作业计划从玉石站运行至 k361+850 处开始作业。捣固稳定车发生蓄能器漏油故障，无法继续作业。驻站联络员通知现场防护员，K596 次旅客列车玉石站预告，05 时 10 分通过玉石站。捣固稳定车作业现场防护员王某两次确认收到 K596 次旅客列车接近信息。

6 月 4 日 5 时 16 分，确认捣固稳定车故障无法修复，不能继续作业，作业负责人张某下达作业人员向 k364+500 处作业地点转移指令，安排带班人员周某带领 15 名作业人员跨越上下行线，从 k361+900 处作业门出防护网再乘汽车前往 k364+500 处参与作业，指定原跟随捣固稳定车移动防护的防护员王某负责转场跨线作业人员防护。之后，防护员王某、带班人员周某带领 15 名作业人员走到故障捣固稳定车东侧 5 m 位置（k361+820 处）路肩上。准备跨越线路期间，作业负责人张某 3 次催促跨线。

6 月 4 日 5 时 18 分，负责作业人员防护的王某仍在与中间防护员联控 K596 次旅客列车位置，在中间防护员没有应答的情况下，没有下达禁止跨线的指令，没有阻止人员跨线。带班人员周某在没有确认有无列车通过的情况下，盲目组织跨线人员跨线。由于瞭望视线被故障捣固稳定车阻挡，跨线人员跨越线路前未看到接近的 K596 次旅客列车，在跨越上行线过程中，与通过的 K596 次旅客列车相撞，9 名作业人员当场死亡，3 名作业人员已跨越通过上行线，另 3 名作业人员被带班人员周某阻拦在上下行线路间。

二、事故原因

（1）带班人员违反《中华人民共和国安全生产法》第五十四条、《铁路安全管理条例》第五条以及《铁路工务安全管理规则》（铁总运〔2014〕272 号）第 3.2.2 条“通过桥梁、道口或横越线路时，应‘手比、眼看、口呼’，做到‘一停、二看、三通过’，严禁抢越线路”、《兰州局集团公司工务部门普速铁路劳动安全卡控措施》（工安函〔2020〕66 号）第 6 条：“严禁未确认本线或邻线来车，盲目跨越线路”、第 68 条：“在作业人员上道及跨线前应选择瞭望条件良好地点跨线”等规定，在带领作业人员跨越线路时，没有确认有无列车通过，违章盲目带领作业人员跨越线路。

（2）现场防护员违反《中华人民共和国安全生产法》第五十四条、《铁路安全管理条例》第五条以及《兰州局集团公司工务部门普速铁路劳动安全卡控措施》（工安函〔2020〕66 号）第 24 条：“防护员在作业时应集中精力，认真瞭望，正确显示和使用信号备品，准确掌握列车运行情况，及时、清晰地向所有作业负责人和带班人员通知开向作业地点的各次列车的预告、开车，监督作业人员（机具）及时下道避车”等规定，在明知 K596 列车接近、再次联控未得到答复并确认安全的情况下，没有下达禁止跨线的指令，没有阻止跨线人员跨越线路。

（3）作业负责人违反《中华人民共和国安全生产法》第五十四条、《铁路安全管理条例》第五条以及《铁路营业线施工安全管理办法》（铁运〔2012〕280 号）第 19 条：“施工负责人的主要职责：负责施工现场的组织指挥工作，指挥现场施工、安排施工防护，确认放行列车条件；负责总结分析施工组织、进度和安全等情况，对施工现场的安全负责”等规定，没有布置跨越线路安全注意事项，不遵守现场防护规定，盲目催促转场人员跨越线路。

三、事故反思

维修作业过程中，捣固稳定车发生故障，作业人员在转场跨线过程中，有关人员盲目指挥、联控不彻底、现场防护失效、违章跨越线路是事故发生的直接原因。带班人员以及现场作业人员无视相关规定，违章盲目带领作业人员跨越线路。列车驾驶员在发现线路有人员时，没有及时采取紧急制动。现场防护员违反相关规定，在明知列车接近、再次联控未得到答复并确认安全的情况下，没有下达禁止跨线的指令，没有阻止跨线人员跨越线路。这个事故案例告诉我们：在施工作业时，以及在驾驶和监护列车时，要时刻保持高度的警惕，要加强自我管理，遵守相关的法律规定，提高自我责任心。

项目小结

本项目结合五个轨道交通领域的具体事故案例，通过描述事故概况、事故原因，引导读者从自我管理的人因角度分析事故原因，最后对整体进行事故反思，避免更多的事故发生，保障行车安全。本项目的知识体系结构如图 6-5 所示。

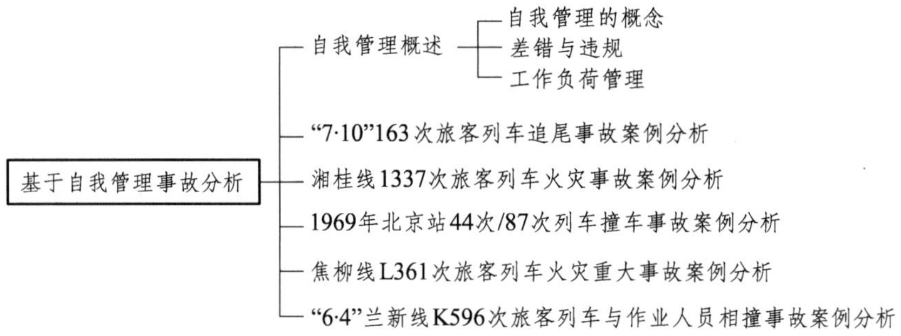

图 6-5 “基于自我管理事故分析”知识体系结构示意图

思考训练

1. 仔细阅读任务二的内容，思考该“事故反思”与项目四“任务四”中的“事故反思”的不同侧重点，进一步体会自我管理对事故的影响。

2. 分别从组织管理和员工管理两个方面来理解和阐述自我管理的重要性。

项目七　轨道交通人因事故预防

任何事故的发生都有其客观规律。通过人们长期的研究与分析，发现事故的基本特征主要包括以下几点：因果性、随机性、潜伏性和可预防性。任何事故的发生都有一个过程，都需要一定的条件。因此，只要我们掌握了事故的规律，清楚事故发生的条件，就可以做到防微杜渐，从源头避免事故的发生。在思想上树立起“一切事故都是可以预防的”的理念，在行动上杜绝“三违”、保证安全落到实处，切切实实杜绝一切“三违”行为，从管理“安全第一，预防为主”作为至高无上的准则来执行，铲除一切事故发生的条件，事故预防也就会成为现实。

中国高铁——创新之路

任务一　事故预防理论

一、传统事故预防理论

（一）工业安全公理

20 世纪 20、30 年代，美国工程师海因里希在《工业事故预防》（*Industrial Accident Prevention*）一书中提出了“工业安全公理”，该理论论述了事故发生的因果联锁理论，阐明了事故发生的人为因素和物质因素的关系、事故发生频率与事故后果严重度的关系、不安全行为的致因和预防措施、事故预防工作与其他管理技能的关系、事故预防的基本责任、安全与生产的关系等工业安全中最重要、最基本的问题。多年来，该理论得到了世界的公认和赞誉，并被视作事故预防工作的理论基础。尽管随着时代的进步和人们认识的不断深化，许多新观点、新理论相继问世，但该理论中的许多内容仍具有重大影响，对现代事故预防工作仍具有重要的指导意义。

该理论包括 10 项内容：

（1）工业生产过程中，人员伤亡的发生往往是处于因果联锁末端事故的结果；而事故常常是由于人的不安全行为和/或机械、物质的不安全状态。

（2）人的不安全行为是大多数工业事故的原因。

（3）由于不安全行为而受到伤害的人，几乎重复了 300 次以上无伤害的同样事故。也就是说，人在受到伤害以前，已经经历了数百次来自物质方面的危险。

（4）在工业事故中，人员受到伤害的严重程度具有随机性质。大多数情况下，人员在事故发生时可以免遭伤害。

（5）人的不安全行为主要来自以下原因：不正确的态度；缺乏知识或操作不熟练；身体状况不佳；物质的不安全状态或不良的工作环境。这些原因是采取措施预防不安全行为的依据。

（6）防止工业事故的 4 种有效方法是：工业技术方面的改进、对人员说服教育、人员调整和惩戒。

（7）防止事故的方法与企业生产管理、成本管理和质量管理的方法类似。

（8）企业领导者须具有进行事故预防工作的能力，并且能把握进行事故预防工作的时机，因而应该承担事故预防工作的责任。

（9）专业安全工作人员、车间干部和班组长是预防事故的关键，他们工作的好坏对能否做好事故预防工作至关重要。

（10）除了人道主义动机之外，下面两种强有力的经济因素也是促进事故预防工作的动力：安全的企业生产效率高，不安全的企业生产效率低；事故后用于赔偿和医疗费用的直接经济损失，只占事故总经济损失的 1/5。

（二）事故预防工作模型

事故预防工作模型如图 7-1 所示，包括以下 5 个阶段的内容：

（1）建立组织。建立事故预防工作组织，形成领导牵头、安全管理人员和安全技术人员参加的事故预防工作体系，并切实发挥其工作效能。

（2）发现事实。通过实地调查、检查、观察及对有关人员的询问，加以认真分析、判断，并对事故原始记录进行反复研究，收集第一手资料，找出事故预防工作中存在的问题。

（3）分析原因。分析事故和不安全问题产生的原因，包括弄清伤亡事故发生的频率、严重程度、场所、工种、生产工序、相关的工具、技术装备和事故类型等，找出其直接原因和间接原因、主要原因和次要原因。

（4）选择改进措施。对事故和不安全问题进行分析，得到事故的原因，选择恰当的改进措施。改进措施包括工程技术方面的改进、对人员的说服教育、人员的调整、制定及执行规章制度等。

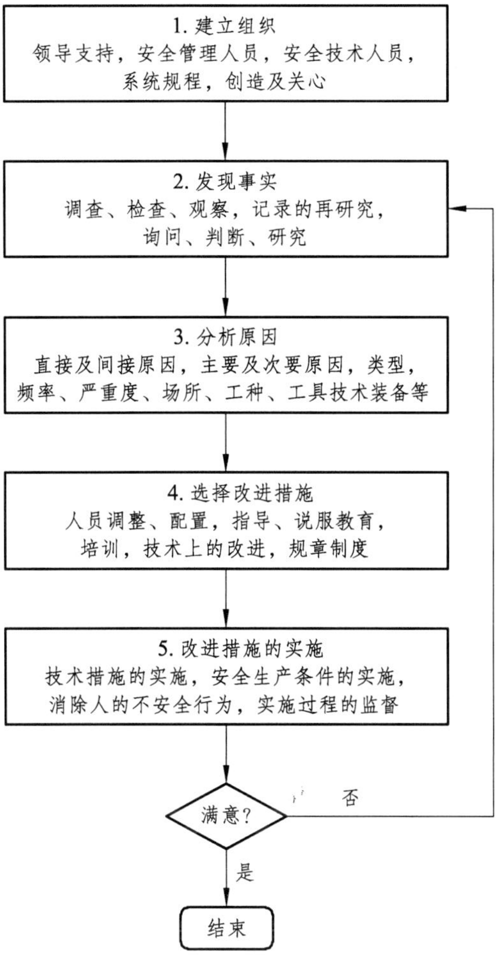

图 7-1　事故预防的 5 个阶段

（5）改进措施的实施。通过工程技术措施实现机械技术装备、生产作业条件的安全，消除物质的不安全状态；通过人员调整、教育、训练，消除人的不安全行为，并在实施中进行监督。

事故预防工作是一个不断循环、不断提高的过程，不可能一劳永逸。如果在实施了第 5 阶段的改进措施以后，并未达到预想的事故预防效果，则需转向第 2 阶段，重新调查研究，分析原因，采取改进措施，直至达到预想的目的。

（三）事故预防的 3E 原则

1. 不安全的主要原因

海因里希将造成事故的主要原因归结为以下 4 个方面：

（1）不正确的态度：个别职工忽视安全，甚至故意采取不安全的行为。

（2）技术知识不足：缺乏安全生产知识，缺乏经验或技术不熟练。

（3）身体不适：生理或健康状况不佳，诸如视力、听力不良，反应迟钝，疾病、醉酒或其他生理机能障碍。

（4）不良的工作环境：照明、温度、湿度不适宜，通风不良、强烈噪声、明显震动、物料堆放杂乱、作业空间狭小，技术装备、工具缺陷等不良的物理环境以及操作规程不合理，缺乏安全规程及其他妨碍其执行的事宜。

2. 事故预防 3E 原则

人们在海因里希提出的上述 4 种事故原因及其防治方法的基础上，归纳、总结出 3E 原则：

（1）工程技术（engineering）：运用工程技术手段消除不安全因素，实现生产工艺、机械技术装备等生产条件的安全。尽可能根据人因工程学的原理进行工程技术方面的改进，降低操作的复杂性。

（2）教育（education）：利用各种形式的教育和训练，使职工树立“安全第一”的思想，掌握安全生产必需的知识和技能。针对职工不正确的态度问题，应考虑工作上的心理学、生理学方面的要求，对关键岗位上的人员要认真挑选，加强教育和训练。对于知识不足的问题，应加强培训，提高其知识水平和操作技能。

（3）强制（enforcement）：借助规章制度、法规等必要的行政和法律手段约束人们的行为。

一般来说，在选择安全对策时应首先考虑工程技术措施，然后是教育、训练和强制手段。在实际工作中，应针对不安全行为和不安全状态产生的原因，灵活地采取对策。即使采取了工程技术措施，取得了效果，减少、控制了不安全因素，也仍然要通过教育、训练和强制手段来规范人员的行为，避免不安全行为的发生。

二、现代事故预防理论

（一）事故可预防性理论

现代技术装备系统都是人类制造和使用的，这种客观实际为预防事故提供了基本的前提，因此，从理论上来说，任何技术装备系统发生的事故都是可以预防的。所以，人类应该通过各种努力和对策，从根本上消除事故发生的隐患，将事故发生降低到最低限度。

事故的预防可以分为两种情况：

（1）对重复性事故的预防。这种预防是对已发生的事故进行分析，找出事故发生的原因及相互关系，提出防范类似事故重复发生的措施，避免此类事故再次发生。此类预防方法采用传统性事故预防技术，如图 7-1 所示。

（2）对可能出现事故的预防。利用各种危险因素辨识方法预测出可能出现的事故，对这些事故进行预防。查出事故是由哪些危险因素组合引起的，对可能导致的事故类型进行研究，模拟事故发生的过程，提出消除危险因素的方法，避免事故发生。这种预测事故并采取措施进行预防的方法，是现代系统安全工程中采用的系统安全分析方法。它从系统的整体性观点出发，全面考虑解决安全问题的方法、过程和要达到的目标。系统安全分析方法主要有：安全检查表法，预先危险性分析，故障模式、影响及其危害性分析（FMECA），事故树分析（FTA），事件树分析（ETA）及危险性和可操作性研究等。

（二）事故预防的系统工程理论

事故预防系统工程理论涉及系统安全工程中关于事故预防的工作，是在传统的事故预防理论基础上发展起来的，传统的事故预防工作总是在事故发生以后进行，难以做到在事故发生以前进行系统分析，无法做到将事故防患于未然，已不能适应系统安全的需要。随着科学技术的发展，特别是系统工程方法的广泛应用，人们从系统内部条件、外部环境和人为因素方面研究其与事故的相互关系，掌握危险发生的规律，通过产品设计、安全法则、操作规范和教育培训等措施减少和控制危险，将事故发生的可能性和后果严重程度降至最小。

事故预防的系统工程理论与传统理论相比，主要区别如下：

（1）传统的事故预防工作范围主要在生产和使用现场，保证人员不受伤害、技术装备不受到损坏，一般不直接涉及设计方面的问题。系统工程的事故预防则主要是研究、预测、控制和预防系统全寿命过程中发生的事故，包括方案论证、设计研制、生产制造和使用维修等阶段的工作，重点在设计阶段。

（2）传统的事故预防工作大多凭经验和直觉来处理安全问题，较少进行深入分析，很少从事物的相互联系中去发现潜在的危险，因而难以彻底改善安全状态。系统工程的事故预防则利用系统工程的方法，从系统内部、环境和人为因素及其相互联系来研究事故原因，从而能比较深入而全面地找到潜在危险和不安全问题，以预防事故发生。

（3）传统的事故预防工作多从定性方面进行研究，没有定量的描述，难以做出准确的判断和评价，不便于事故的控制和管理。系统工程的事故预防则利用危险的严重程度等级、发生概率、发现的可能性以及人因可靠性指标来定量评价安全程度，使预防事故的措施有客观的度量。

（4）传统的事故预防工作只是从局部、零碎或被动的状态来解决安全问题，不能从根本上提高安全水平。系统工程的事故预防则从系统的论证、设计阶段就开始进行系统安全性分析，考虑系统中的各种可能的危险，如危险源和危险因素、各分系统接口、软件对安全的影响，并随着研制工作的进展，逐步细化安全分析的内容，使事故预防工作主动而全面地发挥最佳作用。

（5）传统的事故预防工作目标值不明确、不具体，工作盲目性大。系统工程的事故预防则通过安全性分析、风险的评估和控制，找出最佳的减少和控制危险的措施，使系统的各分系统之间、设计制造和使用维修之间达到最佳组合，用最少的投资达到良好的安全效果。

任务二　事故预防的基本原则

明白事故预防的基本原理，才能够从根本原则上出发，将事故扼杀在摇篮中，保证生产、生活的正常运行。在这个过程中要合理利用事故预防理论，通过合理的设计和科学的管理，首先做到尽可能从根本上消除危险和危害因素，并在此基础上采取预防性措施，双管齐下做到预防危险和危害的发生。

一、技术原则

在生产过程中，客观上存在的危险隐患是事故发生的诱因，因此，在预防工作中须针对危险隐患采取有效技术措施，例如：对于火灾的预防，可以采用防火工程、消防技术等对策；对于电气事故，可以采取能力限制、绝缘、释放等技术方法；对于尘毒危害，可以采用通风工程、防毒技术、个体防护等技术；对于爆炸事故，可以采取改良爆炸器材、改进炸药性能等措施。

在具体的事故预防工作中应采用以下技术原则：

（1）消除潜在危险。从本质上消除事故隐患，其基本做法是以新系统、新技术和新工艺代替旧系统、旧工艺，从根本上消除发生事故的可能性。例如，用不可燃材料代替可燃材料；改进机器技术装备，消除可能危害操作人员的缺陷和作业环境的危险因素；排除噪声、尘毒对人的影响，从而最大限度地保证生产过程安全。

（2）降低潜在危险程度。在系统危险不能彻底根除的情况下，最大限度地限制和减少系统的危险程度。例如，手动工具采用双层绝缘措施；利用变压器降低回路电压；高压容器中安装安全阀、泄压阀等。

（3）冗余。通过多重保险、后援系统等措施，提高系统安全系数，加大安全裕量。例如，降低额定功率；动力间安装双发动机；在高速动车组中采用双计算机、复合制动装置等；系统中增加备用装置等。

（4）闭锁。在系统中通过一些元器件达到机器联锁或电气互锁，作为安全的保证条件。例如，冲压机械的安全互锁器、电路中的自动保护器等。

（5）能量屏蔽。在人、物与危险源之间设置屏障，防止意外能量作用到人体和物体上，以保障人和技术装备的安全。例如，建筑工地高空作业的安全网、核反应堆的安全壳、高速动车组受电弓的绝缘装置等都起到了保护作用。

（6）距离防护。在危险和有害因素的伤害作用随距离的增加而减弱的前提下，应使人与危险源距离尽量远。例如，化工厂建立在远离居民区的地方；电力高压线尽量远离繁华的闹市区；爆破时有足够的安全距离等。

（7）个体保护。根据不同的作业性质和条件，配备相应的保护用品及用具，以保护作业人员的安全与健康。例如，采用警灯、警报器、安全标志和宣传画等。

二、安全法原则

安全法制原则就是利用法制法规的手段，对生产的目标、过程、结果进行安全监督与监察，使之满足职业安全、健康的要求。职业安全健康的法制原则通过以下几方面工作来实现：

（1）职业安全健康责任制度。职业安全健康责任制度就是要明确：企业第一把手是职业安全健康的第一责任人；管生产必须管安全；全面综合管理，不同职能机构有规定职业安全健康的职责。一个企业要落实职业安全健康责任制度，需要对各级领导和职能部门制定出具体的职业安全健康责任和目标，并通过实际工作落实。

（2）实行强制的国家职业安全健康监督。国家职业安全健康监督是指国家授权劳动行政部门设立的监督机构，以国家的名义并应用国家赋予的权力，对企业、事业和有关单位履行劳动保护职责、执行劳动保护政策和劳动卫生法规的情况，依法进行监督、纠正和惩戒工作，是一项具有高度权威性、公正性的监督执法活动。

（3）建立健全安全法规制度。建立健全安全法规制度是指行业的职业安全健康管理应围绕行业的特点和需要，在技术标准、行业管理条例、工作程序、生产规范以及生产责任制度方面进行全面建设，以实现行业管理目标。

（4）有效的群众监督。群众监督是指广大人民群众监督企业、行政和国家有关的劳动保护、安全技术、工业卫生等法律、法规、条例的贯彻执行情况；参与有关部门的职业安全健康和劳动保护法规、政策的制定；监督企业安全技术和劳动保护经费的落实和使用情况；对职业安全健康提出建议等。

三、安全管理原则

安全管理是通过制定和监督实施有关的安全法令、规程、规范和规章制度等，规范人们在生产活动中的行为准则，使劳动保护规则有法可依、有章可循，用法制手段保护职工在劳动中的安全与健康。安全管理的手段主要包括：

（1）法制手段：监察制度、许可制定和审核制度等。

（2）行政手段：规章制度、操作程序、责任制度、检查制度、监督制度、安全奖惩制度等。

（3）技术手段：风险管理、安全评价、管理体系、目标管理、危险预测、事故判定和应急预案等。

（4）文化手段：安全培训、安全宣传、警示活动、安全竞赛和安全文艺表演等。

（5）经济手段：安全抵押、风险金、伤亡赔偿、工伤保险和事故罚款等。

四、安全教育原则

安全教育是对企业各级领导、管理人员、技术人员和操作工人进行安全思想教育和安全技术知识教育。

安全思想教育的内容主要包括：国家有关安全生产、劳动保护的方针政策、法规法纪。通过教育提高各级领导和广大职工的安全意识、政策水平和法制观念，牢固树立“安全第一”的思想，自觉贯彻执行各项劳动保护的法规政策，增强保护人员和生产安全的责任感。

安全技术知识教育的内容主要包含：各种原料、产品的危害特性，在生产过程中可能出现的危险因素，形成事故的规律，安全防护的基本措施和有毒、有害物的防治方法，异常情况下的紧急处理方案，事故时的紧急救护和自救措施等。

专业安全技术知识教育是针对特别工种从业人员进行的专门教育，例如锅炉、压力容器、电气、焊接、危险化学品的管理、防尘防毒等专门安全技术知识教育。

安全技术知识教育应做到应知、应会，不仅要懂得方法原理，还要会熟练操作和正确使用各种类型的防护用品、消防器材和其他防护措施。

任务三　铁路事故的判定与处罚

一、铁路事故原因判定

（一）铁路事故原因的类别

铁路事故的原因分为：事故直接原因、事故间接原因、事故主要原因和事故次要原因。

（1）事故直接原因：由人的不安全行为（或失误）和物的不安全状态（或故障）以及环境因素等相互作用，直接导致事故发生的原因。

例如：不佩带或不正确使用个人防护用品、用具；作业中侵入机车车辆限界；酒后作业导致行为失控；不设安全防护；个人防护用品、用具失效；设备、设施等自身具有不安全隐患或缺陷；安全防护设施缺乏或失效等。

（2）事故间接原因：使直接原因得以产生和存在的原因。

例如：安全操作规程不健全；设计有缺陷；检查有疏漏缺项；培训不达标，缺少安全操作知识和技能；劳动组织不合理；隐患整改不力或不及时；管理不善，责任制不落实等。

（3）事故主要原因：对事故的发生起主导作用的原因。

例如：违章指挥；违章作业；违反劳动纪律；不配备必要的安全防护设施；不及时修理设备，削减必要的资金投入，使设备带病运转；不按规定组织培训教育；不重视安全管理，不监督检查，放任自流等。

（4）事故次要原因：对事故的发生起次要、辅助、推动作用的原因。也可再细分为重要原因和次要原因。

例如：明知属于违章违纪行为而不制止；对违章指挥不抵制；监督检查不及时，不仔细；工作不负责任，错过防止事故的时机；防止事故的措施不当，安全教育不到位等。

（二）铁路事故原因的判定程序

（1）根据工艺文件列出正确的生产工艺流程。

（2）根据事故发生过程、后果，从直接原因入手，列出各项可能导致事故的全部原因。

（3）根据现场勘察、痕迹分析鉴定、尸体解剖结果，计算、实验、试验结果，逐一排除不可能的原因。

（4）将可能的原因排队分析，区分直接原因和间接原因。

（5）将直接原因和间接原因按因果顺序排列，找出主要原因和次要原因。

（三）铁路事故原因的判定原则

（1）直接原因、间接原因、主要原因、次要原因可能相互交叉，也可能分列。在安全管理水平较低的单位，管理上的问题往往是酿成事故的主要或重要原因。

（2）一起事故是由多种原因综合作用所导致，应将本源的、起决定性作用的原因列为主要原因。

二、铁路事故性质判定

事故性质判定是指：在对事故发生的原因和责任属性进行科学分析的基础上，对事故严重程度以及是否属于责任事故、非责任事故、自然灾害事故等作出的认定。

（一）事故性质分类

（1）责任事故：如责任死亡事故、责任重大死亡事故、责任特大事故、责任急性职业中毒事故等。

（2）非责任事故：如非责任死亡事故、非责任重大死亡事故等。

（3）自然灾害事故：如一般自然灾害事故、重大自然灾害事故等。

（二）事故性质的判定原则

（1）凡是属于《铁路交通事故调查处理规则》所列责任事故范围内的事故，及事故单位有违反铁道规章制度行为的，都属于责任事故。

（2）由不可抗力，如自然灾害，包括突发地震、山洪、海啸、泥石流、风暴、沙尘暴、火山喷发等造成的伤亡事故，属于自然灾害事故。

（3）在自然灾害发生时，组织或参加抢救人民生命、国家财产、文献资料等造成的伤亡，属于非责任事故。但不包括在接到灾害预报后，不采取措施，贻误防范时机，或采取明知属于不安全的措施却一意孤行而造成的事故。

三、铁路事故责任判定

根据国务院 2007 年公布施行的《铁路交通事故应急救援和调查处理条例》（中华人民共和国国务院令第 501 号）和《铁路交通事故调查处理规则》（中华人民共和国国家铁路局和中国铁路总公司令第 30 号）的规定。铁路运输企业及其职工违反法律、行政法规造成事故的，由国务院铁路主管部门或者铁路管理机构依法追究行政责任。

（一）铁路事故责任类型

铁路事故责任分为：责任事故和非责任事故。事故责任分为：全部责任、主要责任、重要责任、次要责任和同等责任。

（1）事故主要责任是指：对造成事故的主要原因承担责任。

（2）事故次要责任是指：对造成事故的次要、辅助、起推动作用的原因承担责任。事故次要责任可以细分为事故重要责任、次要责任。也可以细分为事故领导责任、事故管理责任。还可以细分为事故重要领导责任、事故次要领导责任；或者事故重要管理责任、事故次要管理责任。

（二）事故责任的判定程序

（1）根据工艺流程确定有关岗位及有关人员。

（2）根据事故原因分析，确定有关人员中的有责任者。

（3）根据所负责任程度确定直接责任者、主要责任者、重要责任者和次要责任者。

（三）铁路事故责任的判定

铁路事故责任的判定要尊重事实，依法判定。事故直接责任者和主要责任者可能分属不同人员，也可能是同一人员，应根据原因和责任分析准确认定。

1. 发文电事故

铁路运输企业或相关单位发布的文电，违反法律法规、铁路规章或相关技术标准和作业标准等，直接导致事故发生的，定为发文电单位责任。

2. 设备管理不善事故

（1）因设备管理不善造成的事故，定为设备管理单位责任。

（2）事故涉及两个以上单位管理的相关设备，设备质量均未超过临修或技术限度时，按事故因果关系进行推断，确定责任单位。

3. 产品质量不良事故

（1）因产品质量不良造成事故，属设计、制造、采购、检修等单位责任的，定为相关单位责任。

（2）应采用经行政许可或强制认证的产品，而采用其他产品的，追究采用单位责任。

（3）采购不合格或不达标产品的，追究采购单位责任。

4. 自然灾害事故

自然灾害原因导致的事故，因防范措施不到位，定为责任事故。确属不可抗拒力原因导致的事故，定为非责任事故。

5. 建设、设计、施工、监理等事故

（1）营业线施工中发生责任事故，属工程建设、设计、监理、施工等原因造成的，定为上述相关单位责任；同时追究设备管理单位责任。

（2）已经竣工验收的设备，属工程建设、设计、监理、施工等单位责任的，定为上述相关单位责任；属设备管理不善的，定为设备管理单位责任。

6. 人为破坏造成事故

涉嫌人为破坏造成的事故，在公安机关确认前，定为发生单位责任事故；经公安机关确认属人为破坏原因造成的，定为发生单位非责任事故。

7. 机车车辆断轴造成事故

（1）机车车辆断轴造成事故，由于探测、监测工作人员违章违纪或设备不良、管理不善等原因造成漏报、误报或预报后未及时拦停列车的，定为相关单位责任。

（2）由于货物超载、偏载造成车辆断轴事故，定为装车站或作业站责任。

8. 折角塞门关闭造成事故

因列车折角塞门关闭造成事故，无法判明责任的，定为发生地铁路运输企业责任事故。

9. 错办行车凭证事故

错误办理行车凭证发车或耽误列车事故的责任划分：

（1）司机起动列车，定为车务、机务单位责任。

（2）司机发现未动列车，定为车务单位责任。

（3）通过列车司机未及时发现，定为车务、机务单位责任。

（4）司机发现及时停车，定为车务单位责任。

10. 错办通过事故

（1）应停车的客运列车错办通过，定为车站责任。

（2）在区间乘降所错误通过，定为机务单位责任。

11. 断钩导致列车分离事故

（1）因断钩导致列车分离事故，断口为新痕时定为机务单位责任（司机未违反操作规程的除外）。

（2）断口为旧痕时定为机车车辆配属或定检单位责任。

（3）机车车辆车钩出现超标的砂眼、夹渣或气孔等铸造缺陷定为制造单位责任。

（4）未断钩造成列车分离事故的，根据具体情况进行分析定责。

12. 货物装载加固不良造成事故

（1）因货物装载加固不良造成事故，定为货物承运单位责任。

（2）属托运人自装货物的，定为托运人责任，货物承运单位监督检查失职的，追究货物承运单位同等责任。

（3）因调车作业超速连挂和"禁溜车"溜放等造成货物装载加固状态破坏而引发的事故，定为违章作业站责任。

（4）因押运人员在运输途中随意搬动货物和降低货物装载加固质量而引发的事故，定为押运人员所在单位责任，货物承运单位管理失职的，追究同等责任。

（5）货检人员未认真履行职责的，追究货检人员所在单位同等责任。

（6）因卸车质量不良造成事故，定为卸车单位责任，同时追究负责检查的单位责任。

13. 自轮运转设备质量不良发生事故

（1）自轮运转设备编入列车因质量不良发生事故时，定为设备配属单位责任。

（2）过轨检查失职的，定为检查单位责任。

（3）违规挂运的，定为编入或同意放行的单位责任。

14. 租用、借用、委托维修的设备设施事故

（1）因临时租（借）用其他单位的设备设施、人员发生事故的，定为使用单位责任。

（2）产权单位委托其他单位维修设备设施，因维修质量不良造成事故的，定为维修单位责任；产权单位管理不善的，追究同等责任。

15. 技术革新、科研项目试验事故

（1）凡经国家铁路局和中国国家铁路集团有限公司批准或铁路运输企业批准，并报部核备后的技术革新项目、科研项目，在运行线上试验时，在限定的试验期限内，确因试验项目本身原因发生事故，不定为责任事故。

（2）但由于违反操作规程以及其他人为因素造成事故的，定为责任事故。

16. 不如实提供情况的事故

事故发生后，因发生单位未如实提供情况，导致不能查明事故原因和判定责任的，定为发生单位责任。

17. 与事故调查组是否通知接受调查的关系

（1）事故调查组未及时通知有关单位接受事故调查，不得定为有关单位责任。

（2）有关单位接到通知后，应派员而未派员接受事故调查的，事故调查组可以直接定责。

18. 铁路作业人员事故

（1）乘务人员及其他作业人员在企业内部班室、外地公寓、客车宿营车等处侯班、间休期间，因违章违纪、设备设施不良等造成伤亡，定为有关单位责任。

（2）作业人员在疏导道口、引导或帮助旅客上下车，维持站车秩序过程中，被列车撞轧而伤亡的，定为作业人员所在单位责任。

（3）事故发生过程中，作业人员在避险或进行事故抢险时，因违章作业再次发生伤亡，应按同一件事故定责；事故过程已终止，在事故救援、抢险、复旧及处理中，又发生事故导致伤亡的，按另一件事故定责。

（4）铁路运输企业所属临管铁路发生的责任伤亡事故，定为该企业责任事故。

（5）作业人员在工作或间歇时间，擅自动用铁路运输设备设施、工具等导致伤亡的，定为该企业人员所在单位责任事故，同时追究设备设施配属（或管理）单位责任。

（6）作业人员因患有职业禁忌证，而导致行为失控造成伤亡的，定为作业人员所在单位责任。

（7）两个及以上铁路运输企业在交叉作业中发生伤亡，定为主要责任单位事故；若各方责任均等，定为伤亡人员所在单位责任。若各方责任均等且均有人员伤亡，则分别定为责任事故。

19. 突发性疾病所致事故

（1）作业人员发生伤亡，经二级以上医院、急救中心诊断或经法医检验、解剖，证明系因脑溢血、心肌梗塞、猝死等突发性疾病所致，并按事故处理权限得到事故调查组确认的，不定为责任事故。

（2）医院等级不够的，须经法医进行尸表检验或尸体解剖鉴定。法医尸检鉴定报告结论不确定的，定为责任事故。

20. 对原因不清、尚无明确结论的伤亡事故

（1）作业人员伤亡事故原因不清，或公安机关已立案但尚无明确结论的，定为责任事故。

（2）暂时不能确定事故性质、责任的，按待定办理。

（3）若跨年度仍不能确定或处理时间超过法定期限的，定为伤亡人员所在单位责任。

（4）在年度统计截止前，该事故已查清，并作出与原处理决定相反结论的，可向原处理部门申请更正。

21. 机车车辆通过道口相撞事故

铁路机车车辆与行人、机动车、非机动车、牲畜及其他障碍物相撞造成事故，按以下规定判定责任：

（1）事故当事人违章通过平交道口或者人行过道，或者在铁路线上行走、坐卧造成人身伤亡，定为事故当事人责任。

（2）事故当事人逃逸或者有证据证明当事人故意破坏、伪造现场、毁坏证据，定为事故当事人责任。

（3）事故当事人违反国家法律法规，有明显过失的，按过错的严重程度，分别承担责任。

22. 国家铁路局、国铁集团、安全监管办有关部门未履行职责发生事故

国家铁路局、国铁集团、安全监管办有关部门及其人员未能依法履行职责，发生下列情形之一的，应当追究其行政责任。涉嫌犯罪的，移送司法机关处理。

（1）违反国家公布的技术标准或国家铁路局和国铁集团颁布的规章、技术管理规程和作业标准，擅自公布部门技术标准，导致事故发生的，追究相关部门及其人员的责任。

（2）在实施行政许可、强制认证、技术审查或鉴定以及产品设备验收等监督管理职责的过程中，违反法定权限、法定程序和有关规定，或对相关产品设备等监督检查不力，造成不合格、不达标产品设备等投入运用，导致事故发生的，追究相关部门及其人员的责任。

四、铁路事故的处罚

（一）铁路事故处罚原则

铁路运输企业及其职工违反法律、行政法规的规定，造成事故的，由国家铁路监管部门依法追究行政责任。构成犯罪的，依法追究刑事责任。

（二）铁路事故处罚措施

1. 对迟报、漏报、谎报事故的处罚

（1）对单位，由国家铁路监管部门处以 10 万元以上 50 万元以下的罚款。

（2）对个人，由国家铁路监管部门处以 4 000 元以上 2 万元以下的罚款。

（3）属于国家工作人员的，依法给予处分。

（4）构成犯罪的，依法追究刑事责任。

2. 对安监管办迟报、漏报、瞒报、谎报事故的处罚

对安全监管办迟报、漏报、瞒报、谎报事故的，由国家铁路监管部门对直接负责的主管人员和其他直接负责人员依法给予处分；构成犯罪的，依法追究刑事责任。

3. 对干扰、阻碍事故调查处理的处罚

（1）对单位，由国家铁路监管部门处以 4 万元以上 20 万元以下的罚款；情节严重的，处以 20 万元以上 100 万元以下的罚款。

（2）对个人，由国家铁路监管部门处以 2 000 元以上 1 万元以下的罚款；情节严重的，处以 1 万元以上 5 万元以下的罚款。

（3）属于国家工作人员的，依法给予处分。

（4）构成违反治安管理行为的，由公安机关依法给予治安管理处罚。

（5）构成犯罪的，依法追究刑事责任。

4. 事故调查人员索贿受贿、打击报复或不负责任的处罚

在事故调查中，调查人员索贿受贿、借机打击报复或不负责任，致使调查工作有重大疏漏的，由组成事故调查组的机关给予处分，构成犯罪的，依法追究刑事责任。

任务四　脱轨事故预防措施

一个安全可靠的轨道交通系统必须要对整个系统进行优化，即根据系统的运用需求、边界条件和环境制约，应用系统动力学的方法，寻求最佳的结构、参数和耦合关系的匹配，以保证实现系统的核心目标。轨道交通系统优化的基本策略如图 7-2 所示。由图可见，具体的设计是极其复杂的，其中以轨道列车为中心，同时还要考虑与线路、接触网、气流、环境和供电系统之间的相互作用关系。

一、核心目标

轨道交通系统设计的 5 项核心目标：运行稳定性；运行平稳性；RAMS（可靠性、可用性、维修性和安全性）；环保性；经济性。

二、关键策略

影响列车核心目标的关键策略主要包括：与轨道列车动力学性能相关的运行稳定性；与轮轨关系相关的安全性；与弓网关系相关的受流质量；与流固关系相关的气动性能；与机电关系相关的供电质量；与环境关系相关的振动和噪声。

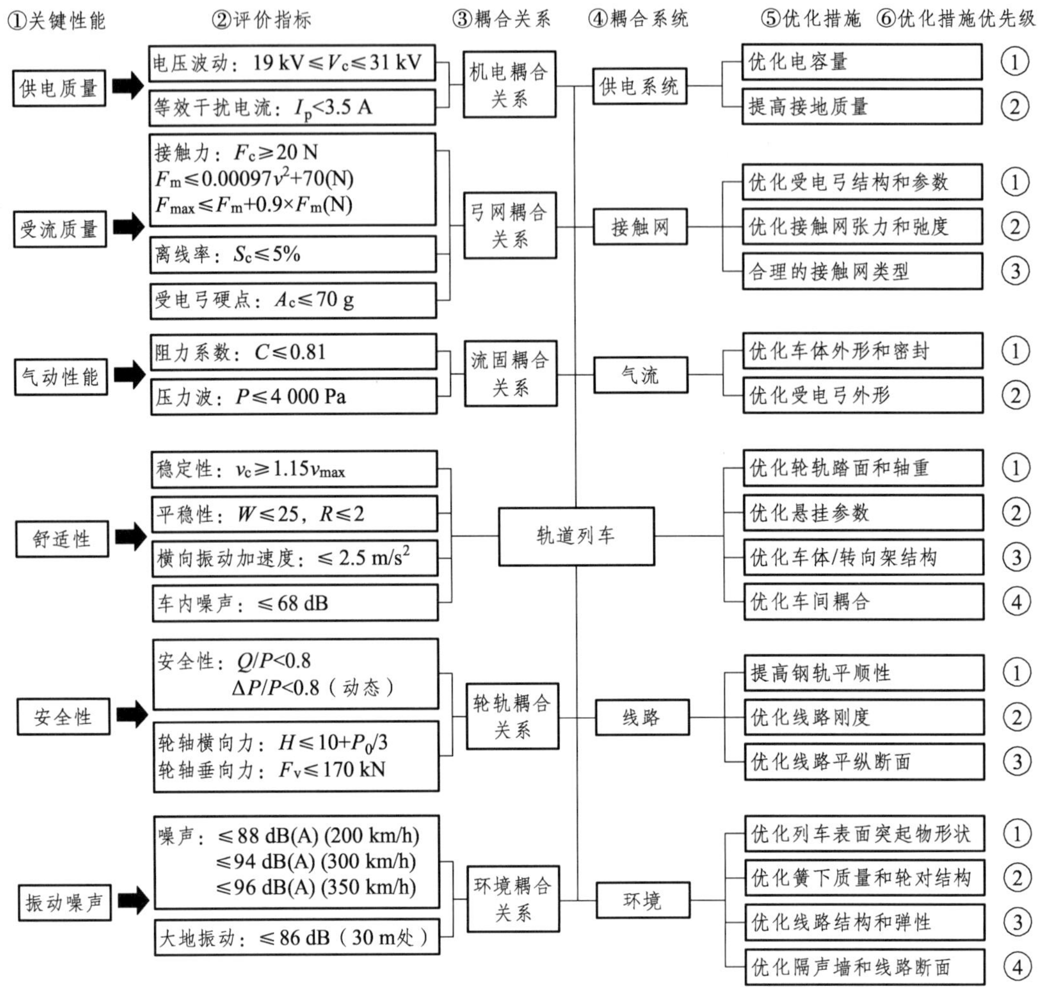

图 7-2　轨道列车系统优化策略

三、优化措施

根据轨道列车技术条件，给出相应的评价指标。再根据具体系统的结构和参数，提出优化这些策略的具体措施：

（1）轨道列车：优化轮轨踏面和轴重；优化悬挂参数；优化转向架和车体结构；优化车间耦合。

（2）接触网：优化受电弓结构和参数；优化接触网张力和弛度；合理的接触网类型。

（3）供电系统：优化电容量；提高接地质量。

（4）线路：提高线路平顺度；优化轨道刚度；优化线路平纵断面。

（5）气流：优化车体与密封；优化受电弓外形。

（6）环境：优化列车表面突起物形状；优化簧下质量和轮对结构；优化线路结构

和弹性；优化隔声墙和线路断面。

根据这些参数对关键性能影响的灵敏度，给出了各子系统优化措施的优先级，最后根据各关键性能对核心目标的影响，提出系统的优先级：轨道列车→轮轨关系→弓网关系→流固关系→环境关系→机电关系。按照系统和各子系统的优先级，有重点、有序地开展优化控制工作，保证轨道列车系统最优化。

四、列车脱轨的预防措施

列车脱轨的预防措施是轨道交通系统优化策略的主要项目之一，其主要包括两个层面的内容，即设计层面和运用维修层面的控制措施，如图 7-3 所示。

设计层面是指：在列车设计和轨道设计时采取预防措施，即在满足系统动力学基本性能的基础上保证其安全性，在理论上保证列车不脱轨。运用维修层面是指：研究列车服役中的失效、参数蜕变和自然灾害下列车运行的安全性。

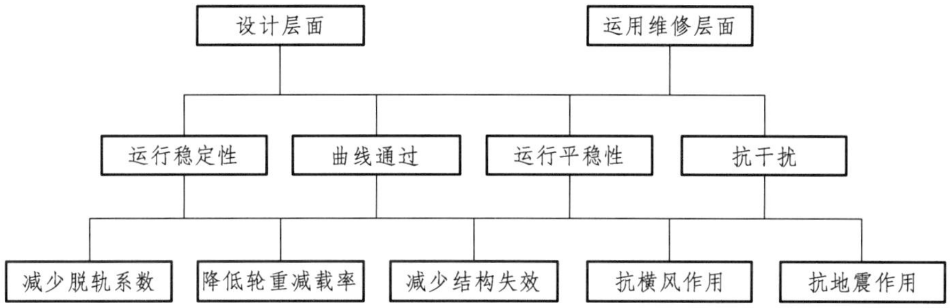

图 7-3　列车脱轨安全性控制策略

（一）设计层面上的预防措施

1. 列车运行稳定性

首要任务是保证列车运行的稳定性，只有列车运行具有足够的稳定性，列车的运行安全性才有基本的保障。

2. 曲线通过能力

曲线通过能力是考验转向架的转向能力。对于高速铁路来说，运营线路的曲线半径比较大，曲线通过能力一般不成问题，但是轮轨横向力所导致的脱轨倾向始终需要关注，特别是高速列车还需要考虑通过站场等小曲率的情况，这不仅要对传统的脱轨系数、轮重减载率等脱轨指标进行校验，更需要从高速运动和冲击的角度给予重视。

（二）运用维修层面上的预防措施

1. 振动导致的结构失效

在运用维修层面上，列车运行的平稳性虽然会影响到轮重减载率，但从脱轨安全性考虑，运行平稳性研究更应关注的是振动问题，也就是振动导致的结构失效问题。事实上，列车零部件振动导致行车安全性事故时有发生，诸如轴箱弹簧断裂、传动齿轮箱开裂、排障器断裂等严重事故。

震惊世界的德国埃舍德高铁事故，造成101人死亡、88人重伤，铁路设备、设施损失惨重，这次高速列车的重大脱轨事故也是由于其弹性车轮的轮箍疲劳断裂导致结构失效而引起的。因此，实现列车运行的高平稳性，减小零部件的振动烈度，是减少列车零部件失效、保证列车抗脱轨安全性的重要措施。

2. 列车的抗干扰能力

列车运行安全性面临的第二个问题就是列车的抗干扰能力。这主要是指列车所遭遇的外部强干扰，其中强侧风和强地震是众所周知的激扰。列车耦合大系统动力学，将线路和气流的影响纳入到系统动力学研究中。一方面通过车体外形设计和悬挂设计，减少外部激扰的影响，实现更高的抗干扰能力；另一方面，应用列车耦合大系统动力学，以列车脱轨为目标，研究保证列车安全运行的阈值，可以在不同的激扰等级下，如强风和地震的级数，确定列车安全运行的速度域，为列车安全运行提供依据。

五、列车设计方面的预防措施

虽然影响列车动力学的因素很多，但脱轨预防措施的核心问题主要涉及转向架，因为它承担着列车的承载、导向和隔振功能，还是列车牵引和制动的最终实现者。特别是，它还决定着整个列车的运行稳定性。如果转向架设计得不好，随着运行速度的提高，列车就会发生蛇行失稳，导致振动过大，甚至引起脱轨，从而危及列车运行安全。

转向架的主要结构参数对动力学性能的影响见表7-1。由该表可知，影响列车动力学性能的转向架参数很多，它们之间彼此影响、相互依存。因此，列车的高动力学性能主要是通过转向架参数的优化来保证的。

（一）车轮踏面

1. 踏面形状

轮轨接触的几何形状，即车轮与钢轨的断面形状及两者相对位置所决定的轮轨之间的约束关系，对于车辆运行稳定性、曲线通过性能、轮轨之间的磨耗、运行阻力和脱轨安全性均有重要的影响。车轮踏面形状一般分为两种形式，即锥形踏面和磨耗形踏面。

（1）锥形踏面主要有1/20和1/40两种斜度。

（2）磨耗形踏面是在锥形踏面的基础上发展起来的。各国车辆在运行中证明，新加工的锥形踏面车轮投入运行后很快磨耗，但当磨耗到一定形状后，与钢轨形状相匹配，则磨耗相对稳定。这一事实提示人们，把车轮踏面从一开始就做成类似磨耗以后

表 7-1 转向架主要参数对动力学性能的影响

参数		性能					
		稳定性	舒适性	抗颠覆性	轨道破坏性	曲线横向力	轴重变化
车轮踏面等效锥度		××				√√	
轴距		√√			××	××	
转向架转动惯量		××			××	××	
转向架质量	簧间质量	×	×				
	簧下质量	××			××	××	××
轴箱定位纵向刚度		√√			××	××	
一系弹簧刚度			××	√			×
二系弹簧刚度	垂向刚度		××	√√			×
	横向刚度		√√	√√			×
转向架回转力矩		√√			××	××	

注：√√表示参数值越大越有利，√表示参数值越大，有一定好处，但影响不大；××表示参数值越大越不利；×表示参数值越大，有一定坏处，但不明显；空格表示互相关系不大。

的形状，这就是所谓的磨耗形踏面，又称为凹形踏面。采用磨耗形踏面明显减少了轮轨的磨损，延长了使用寿命，提高了抗脱轨安全性，既能保证车辆直线运行的横向稳定性，又有利于曲线通过。

2. 车轮踏面与动力学性能的关系

从转向架动力学性能的角度，对车轮踏面提出以下的要求：

（1）应具有良好的抗蛇行运动稳定性。实践证明，车轮踏面的等效斜度（它是轮对中心横向移动时，左右车轮滚动圆半径差的变化率）大小是影响运行稳定性的重要因素，车辆蛇行失稳的临界速度随车轮踏面等效斜度的减小而上升。

因此，对高速动车组转向架轮对踏面等效斜度的取值应充分重视。

（2）应具有良好的防脱轨安全性。车轮踏面形状对脱轨的影响主要表现在轮缘角的大小，已经得到的共识是 70°优于 60°。另外，在轮轨接触点由踏面向轮缘部分过渡时，接触点的数目（1 点、2 点或多点）对脱轨有明显的影响。2 点以上的接触点会造成相对滑动，使运行阻力和轮轨磨耗增加，降低抗脱轨安全性。因此，应尽力使轮轨之间不出现 2 个接触点，主要的措施是采用磨耗形踏面。

（3）轮轨之间的磨耗要小。影响轮轨之间磨耗的因素很多，诸如轮轨材料和硬度、轴重、轨道类型、运行速度、轮轨几何形状等。关于轮对踏面形状的影响，除上述轮轨之间的摩擦力矩外，轮轨接触点在踏面上的接触宽度，即轮对横向移动时接触点左右移动的范围也是重要的因素。采用磨耗形踏面可使接触宽度增加，车轮踏面与钢轨顶面的磨耗比较均匀，而标准型的锥形踏面接触区窄，磨耗集中在较小的范围，则使磨损加剧。

（4）易于曲线通过。车辆曲线通过时，应尽可能避免轮缘与钢轨接触和相对滑动，应尽可能增加曲线外侧车轮的滚动半径，减小曲线内侧车轮的滚动半径，以适应曲线外侧轨长、内侧轨短的特点。当车轮踏面形状具有大的等效斜度时，则车辆易于曲线通过。这与具有良好的抗蛇行运动稳定性对踏面形状的要求相矛盾。因此，应根据具体条件综合考虑。

另外还应指出的是，对于普通锥形踏面，由于踏面等效斜度较小，曲线通过时，轮缘比较容易贴靠钢轨，所以磨耗比较严重。而对于磨耗形踏面，由于具有非线性等效斜度和横向力复原的特性，在曲线通过时，比较容易避免轮缘与钢轨接触，因此可以减轻轮缘磨耗。

（5）轮轨接触应力要小。理论和试验结果均证明，在相同的轴重和轮径条件下，一般磨耗形踏面的车轮与普通锥形踏面的车轮相比，轮轨接触面积明显增大，因而接触应力明显减小。

3. 踏面形状的选择

由上述车轮踏面形状与动力学性能的关系可以看出，车轮踏面形状对于车辆动力学性能有明显的影响。对于应用普通锥形踏面的列车来说，例如日本和法国的高速动车组采用踏面斜度为 1/40 较小斜度的车轮，作为使车辆具有较高蛇行临界速度的主要措施，以保证列车良好的运行稳定性，这反映了早期轮轨基础研究的特点。随着轮轨系统动力学理论和试验的成熟与完善，各国铁路都在积极采用磨耗形踏面的车轮。例如德国高速动车组 ICE 采用了轨底坡为 1/40 的磨耗形踏面，使两次旋轮之间的运行里程达到 600 000 km，而法国高速动车组 TGV 早期采用的普通锥形踏面车轮，旋轮间隔里程只有 60 000 km，日本新干线高速动车组普通锥形踏面车轮则为 70 000 km。

（二）轴距与转向架转动惯量

在大多数情况下，轴距是由转向架结构尺寸所决定的，以便于电机和传动齿轮箱的布置。转向架轴距对列车稳定性影响很大。随着轴距的增加，列车系统的临界速度随之增大，增加了列车运行稳定性；但曲线通过能力会有所降低，并增大了轮轨横向力，对轨道的破坏性加大，同时加剧轮轨磨耗。如果优先考虑列车的运行稳定性，列车的轴距可以适当设计得大一些。不过在轴距增大的同时，构架的摇头转动惯量会有所增加，使列车系统的临界速度又有所降低。因此，在增加轴距的同时，应关注构架摇头转动惯量的变化，可以通过对转向架结构及其附属部件的布局来控制构架的摇头转动惯量。在我国高速动车组中，大部分转向架采用 2.5 m 的轴距形式，主要是希望在结构上减小转向架的纵向尺寸，有利于车体下设备的布置，同时也节省了制造成本。

（三）转向架质量

1. 簧下和簧间质量

转向架质量分为簧下质量和簧间质量，它们是影响转向架动力学性能的重要参数。簧下质量影响轮轨动作用力，因此应尽量降低簧下质量。为此，高速列车转向架应采用整体碾钢小直径车轮、空心车轴、轻金属轴箱体、轻量化轴箱轴承、电动机架悬和体悬的悬挂技术，以全面降低簧下质量。簧间质量和转动惯量影响列车横向稳定性、运行平稳性和轮轨间横向作用力，为此，动力集中式高速动力车转向架常将质量大的电机全部悬挂在车体上，或将部分质量悬挂在车体上，以降低簧间质量和转动惯量。另外，还采用轻量化的焊接钢结构构架、轻金属的齿轮箱等，甚至研制非金属材料的构架，以降低簧间质量。动力分散式动力车转向架由于电机质量小，常将电机架悬在构架的横梁上。另外，为了降低簧间质量和转动惯量，常采用 H 形构架，轻量化电动机，将设备尽量集中在转向架中心附近。对于非动力转向架，基本上都采用无端梁、无摇动台、无摇枕的转向架，通过结构的简化来降低簧下质量和簧间质量。

2. 转向架轻量化措施

（1）采用无摇枕结构。构架和车体的支承结构方式取消了摇枕，直接由中央空气弹簧支承车体，由中心销和连杆起纵向牵引作用。

（2）转向架构架为 H 形钢板焊接结构，取消了端部的端梁。

（3）采用轻型轮对和空心轴结构。例如日本新干线 300 系转向架的空心轴内径为 60 mm，车轮轮径由原来的 910 mm 减少到 860 mm，轮对不平衡重量矩限制在 5 kg · cm 以下。

（4）采用铝合金齿轮箱和轴箱。齿轮箱体由铸铝合金取代铸钢结构。

（四）转向架悬挂装置刚度

高速列车具有较高的运行速度，运行稳定性和平稳性就成为其动力学的主要问题。因此高速列车悬挂装置的主要特点是一系弹簧硬，同时并联垂向液压减振器；二系弹簧采用高圆钢弹簧或空气弹簧，并适当匹配液压减振器，以实现垂向和横向软特性。同时，高速列车的转向架设计十分重视一系纵横刚度参数的匹配，因其对转向架运行的稳定性有显著的作用，并影响曲线通过能力和轮轨的横向动作用力。

1. 悬挂装置垂向刚度

高速动车组一系悬挂装置采用刚度较大的圆弹簧，二系悬挂装置一般采用高圆弹簧加橡胶垫或空气弹簧，形成一系弹簧硬、二系弹簧软的特点。软的二系特性将构架的振动与车体有效地隔离起来，有利于列车高速运行时的平稳性，旅客乘坐舒适性较好。另外，在高速列车牵引电动机的悬挂一般采用架悬或体悬，当采用轮对空心轴驱动机构时，空心轴和车轴之间的径向间隙有限，一系悬挂要硬一些，否则其动挠度较大，易使车轴与空心轴发生抵触。

2. 一系悬挂的纵向和横向刚度

一系悬挂的纵向和横向刚度是指轴箱定位的纵向和横向刚度，其值是轴箱定位装置的主要参数。由于它关系到列车运行稳定性和曲线通过能力的好坏，因此在高速列车设计时给予了很大的关注。轴箱的纵向和横向刚度应具有适宜的数值，能保证轴箱定位装置很好地实现弹性定位作用，并且性能稳定，结构简单可靠，磨耗少，维修方便，重量轻。良好的轴箱弹性定位，不仅可以阻止列车在运行速度范围内发生蛇行运动失稳，而且还能保证列车曲线通过时具有良好的导向性能，从而减小轮对与钢轨之间的冲击和侧向力，减少轮缘与钢轨的磨损，确保列车运行的安全性和稳定性。

列车横向运行稳定性的问题本质上来说属于列车自激振动问题，所以它不取决于外界的激扰，主要取决于车辆本身的参数。因此，这些参数必须合理地匹配，优化选择。影响蛇行失稳的因素很多，主要有：车轮踏面的等效斜度、轴箱的纵向和横向定位刚度、二系悬挂中的抗蛇行阻尼、转向架的固定轴距、转向架的转动惯量和轮径等。其中轴箱的纵向和横向定位刚度是影响运行稳定性临界速度的主要参数之一。关于轴箱定位刚度的大小应该如何选取，虽有不同的观点，但研究和实践表明，轴箱的纵向定位刚度应足够大，以使转向架的蛇行稳定性较好；而且在大的牵引力和制动力作用下，轮对不会产生明显的纵向位移，从而黏着特性较好。表 7-2 列出了一些高速转向架的轴箱定位刚度值，可以看出，轴箱纵向定位刚度一般要比横向大很多。

表 7-2 高速转向架轴箱定位刚度值

国别	转向架型号	轴箱定位方式	横向刚度/（MN/m）	纵向刚度/（MN/m）
德国	MD52	单侧双位板式	5	40
法国	Y32	转臂式	4.75	30.4
法国	Y231、Y237	转臂式	7.9	29
日本	DT200	拉板式	10	40
日本	TDT203	螺旋弹簧与圆柱橡胶	9.41	18.42
日本	WDT205	转臂式	9.8	24.5
意大利	Fiat	转臂式	4.65	30.4

3. 二系悬挂的纵向和横向刚度

高速列车的二系悬挂多采用空气弹簧或高圆弹簧加橡胶垫的结构。与一系悬挂相比，一般二系悬挂的横向和纵向刚度都设计得较低。横向刚度低是为了提高列车的蛇行临界速度和横向稳定性；纵向刚度低是为了使转向架易于相对车体回转，以满足提高曲线通过能力的要求。

1）空气弹簧配置与抗侧滚装置

高速列车采用空气弹簧作为二系悬挂装置，改善了列车的垂向振动性能，提高了运行平稳性，但是出现的问题是车体侧滚振动的角刚度也随之变软，使得列车通过道岔时车体侧滚角大，晃动次数增多，旅客明显感觉不舒适。采取的措施有两种：

（1）尽量加大空气弹簧的横向间距，以增大其角刚度，从而增强抗滚性能。例如日本新干线高速动车组转向架采用无摇动台的空气弹簧装置，由于较宽的车体，有条件采用外侧悬挂型式，空气弹簧横向间距较大，为 2500 mm（DT200 等），因此具有较大的空气弹簧角刚度值，保证了抗侧滚性能，从而不需要再设置抗侧滚装置。

（2）在转向架二系悬挂系统中设置抗侧滚装置。近代高速列车，除日本新干线高速动车组以外，几乎所有国家采用空气弹簧的转向架都是中央位置悬挂，同时设置抗侧滚装置。抗侧滚装置的原理是在左、右弹簧产生方向相反的垂向位移（即车体侧滚）时，通过两个扭臂对一个扭杆施加力与力矩，使弹性扭杆产生弹性扭转变形，扭杆起着扭转弹簧的作用，其产生的反扭矩总是与车体的侧滚方向相反，用以约束车体的侧滚振动。

2）液压减振器及其配置悬挂装置

如图 7-4 所示，它主要包括弹性元件和阻尼元件。现代高速列车一般采用液压减振器作为阻尼元件。液压减振器主要利用油的滞黏阻力来吸收振动能量。它的特点在于其阻尼力是振动速度的函数；振幅的衰减量与幅值的大小有关，振幅大时衰减量也大，振幅小时衰减量也小。这种“自动调节”的减振性能正好符合高速列车的需求，因此液压减振器在高速列车中得到了广泛的应用。

在悬挂装置中，必须根据转向架的具体情况合理地配置液压减振器的数目和阻尼参数。

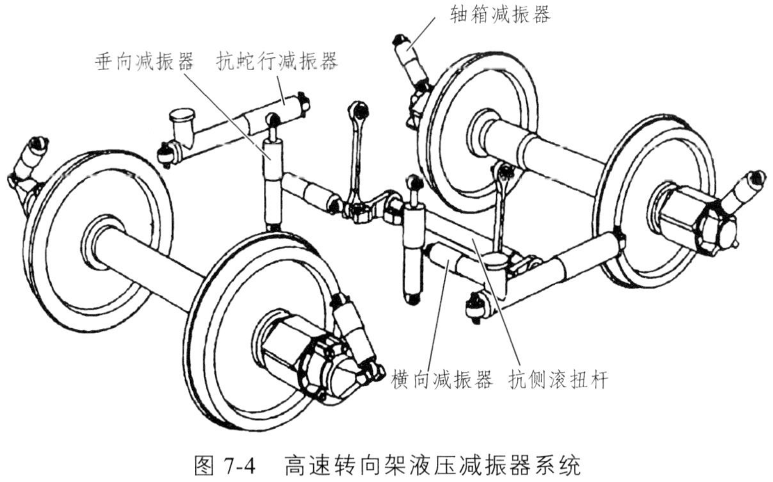

图 7-4　高速转向架液压减振器系统

在近代高速列车的一系悬挂系统中，一般在每端轴箱安装垂向液压减振器；在二系悬挂系统中，安装垂向、横向和纵向液压减振器。减振器数量则根据各自转向架的情况而定。另外，为了控制转向架的蛇行振动，在现代高速转向架中，还广泛采用抗蛇行减振器置于二系悬挂中，沿转向架中部两侧纵向布置。蛇行减振器的结构和特性与一般液压减振器不同。一般液压减振器的阻尼力与振动速度成正比，而转向架蛇行振动的振幅和频率都不大，振动速度很小，因此装设一般的液压减振器时，其阻尼力很小，减振效果不明显。所以，抗蛇行减振器的特性必须是对振动速度很敏感，即使振动速度不大，阻尼力也应有明显的响应，起到明显的减振效果。由于抗蛇行减振器对控制转向架的蛇行振动起很大作用，因此被高速转向架广泛应用。例如 TGV-A 型高速动车组转向架采用了 2 个抗蛇行减振器，分别布置在转向架中部的纵向位置上。

六、轨道设计方面的预防措施

列车与线路是彼此依存、相互适应的关系，列车是载体，线路是基础。高速运行的列车要求线路具有高平顺性、高稳定性、高精度、小残变、少维修和良好的环保性等，以保证列车高速、平稳、舒适与安全地运行。

（一）轨道不平顺的损害

轨道的不平顺所引起的轮轨动力响应及其对行车安全性、平稳性和乘车舒适性的影响，均随行车速度的提高而急剧增长。高速铁路的理论和实践证明，列车在平顺的轨道上以低于临界速度的状态运行，即使速度很高，轮轨的动力附加荷载也很小；反之，即使轨道、路基和桥梁结构满足强度要求，而平顺性不良时，列车速度虽未接近临界速度，但由于线路引起的列车振动和轮轨动作用力将大幅度增长，从而导致不良后果。

1. 对人体健康造成损害

例如，幅值为 10 mm、波长为 40 m 的轨道连续高低不平顺，在常规速度下引起的车体振动和轮轨动力附加荷载都很小，可以容许大量存在；但在列车运行速度达到 300 km/h 时，可使车体产生频率为 2 Hz、半幅值为 0.18 *g* 的持续振动加速度。根据国际振动环境控制标准 ISO 2631 中有关“保障健康限度”的规定，人体承受这种加速度的时间只能持续 5 h，否则会导致相关人员血压、脉搏、消化等生理现象不正常。

2. 工作能力减退

又如，幅值为 5 mm、波长为 40 m 的方向不平顺，在常规速度下同样可以不用管理、允许存在，但在列车运行速度达到 300 km/h 时，可使车体产生频率为 2 Hz、半幅值为 0.066 *g* 的横向振动加速度。根据 ISO 2631 中有关“工作能力减退”的规定，乘务人员在这种环境下仅能工作 3 h，否则会导致疲劳、工作能力下降，司机判断和应急能力减退，而有关“舒适度减退”的限度仅为“工作能力减退”限度的 1/3。在振动频率为 1 ~ 2 Hz、累计时间 4 h 的车体振动环境下，保持舒适度不减退的振动加速度，横向为 0.027 g、垂向为 0.035 g ~ 0.05 g。对于数量较少、幅值较大的局部轨道不平顺，为保障旅客阅读、书写、餐饮等不受干扰、惊吓，不产生反感，日、法、德等国家规定，局部轨道不平顺引起的瞬时作用的垂向加速度不得大于 0.12 g ~ 0.15 g，横向加速度不大于 0.10 g ~ 0.12 g。

3. 导致断裂和产生噪声

再如，一个微小的 0.2 mm 的迎轮台阶形焊缝不平顺，在 300 km/h 行车速度下，引起的高频冲击力达 720 kN，低频轮轨附加力达 320 kN，可导致轨道破坏，路基产生不均匀沉陷。各种微小的短波不平顺，都是恶化轨道几何状态的根源，可能引发轮、轨、轴断裂，也是产生噪声的根源之一。

（二）轨道不平顺的要求

由于轨道不平顺对列车系统动力学性能有重要的影响，并在列车系统研究中作为系统的激扰输入，因此将轨道不平顺作为轮轨关系设计中的重要指标，归列在列车系统的边界条件设计之中。在我国铁路第 6 次大提速时，通过全面的安全性测试发现，高速动车组对线路的不平顺比较敏感，特别是轴重比较轻的动车组，以 200 km/h 以上的速度运行时，有列车轮重减载率超过安全限度 0.8 的现象。研究表明，轮重减载率超标现象主要是由于轨道高低不平顺引起的，而轨向不平顺对其影响很小，短波长的轨道不平顺是引起轮对减载的主要因素。

对于高速铁路整体无轨道来说，除了线路结构造成的固定频率激扰以外，轨道不平顺主要还是广谱的随机不平顺；另外，由于线路沉降、钢轨焊接接头变形、高架线路桥墩下沉等运用上的问题，还会出现三角坑和谐波不平顺等。

1. 随机不平顺

以德国高速铁路低干扰轨道谱作为基谱，对动车组拖车（空车）不同速度下通过竖曲线线路时的轮重减载率进行计算研究，探讨不同波长范围的不平顺对 CRH2 型动车组行车安全性的影响。研究表明：250 km/h 速度等级的高速动车组，在 1 ~ 2.5 m 波长范围的不平顺轨道上运行时；350 km/h 速度等级的高速动车组，在 1 ~ 3.5 m 波长范围的不平顺轨道上运行时，对其轮重减载率都有非常明显的影响，不少时刻减载率超出 0.8 的限值。由此可见，轨道不平顺的短波波长是导致动车组高速运行时轮重减载的主要原因，在线路设计、施工和维修上应加以控制。

2. 三角坑不平顺和高低谐波不平顺

根据速度为 200 km/h 线路区段的轨道不平顺动态管理标准，三角坑基长为 2.4 m。针对不同基长的三角坑幅值和不同基长的高低不平顺幅值对减载率的影响进行研究。研究表明，基长越短，三角坑幅值越小，对线路的管理要求也越高，而谐波高低不平顺幅值的控制要求比三角坑更加严格。表 7-3 列出了有相似的速度 200 km/h 时，不同基长三角坑不平顺和高低谐波不平顺的半幅值控制值。当然，列车速度提高到 350 km/h 时，线路不平顺的控制标准会更加严格。

表 7-3　不同基长三角坑不平顺和高低谐波不平顺的半幅值控制值

不平顺类型	基长/半幅值	基长/半幅值	基长/半幅值	基长/半幅值
三角坑	3.5 m/9 mm	2.4 m/4.5 mm	2 m/3 mm	
谐波高低不平顺	3.5 m/3 mm	3 m/2 mm	2.5 m/1.3 mm	2 m/0.65 mm

3. 提高轨道平顺性措施

（1）提高钢轨制造质量。提高钢轨的制造质量是指：提高钢轨的平直性、轨面的平顺性和钢轨焊接接头的平直性。钢轨制造的保证措施是：提高钢轨轧制质量、接头的焊接质量和钢轨打磨质量，以消除轮轨接触面上的短波不平顺。

（2）避免轨道结构性破坏。避免由于轨道结构的连续性、均匀性遭到破坏而引起的中长波不平顺。钢轨接头、道岔是轨道连续性遭到破坏的典型部位，轨枕间距不均匀、摆置不方，轨枕种类、型号改变，扣件型号、拧紧状态变化，道床肩宽、边坡不标准，以及道材质变化都是轨道结构连续性遭到破坏的典型现象。必须在轨道的设计、铺设和养护维修的各个环节上严格把关，才能提高轨道中、长波范围内的平顺性。

（3）提高轨道弹性的均匀性。加强轨道养护管理，提高轨道弹性的均匀性，防止由于路基、道床、轨下胶垫弹性不均匀而引起的长波不平顺。路基软弱、沉陷，道床脏污、翻浆、板结，轨下胶垫老化、失效是造成轨下基础弹性不均匀的主要因素。随着行车速度的提高，这种长波不平顺所造成的影响和破坏会愈加严重，必须加强养护管理。

七、运用维修方面的预防措施

列车脱轨的预防措施，除了上述列车和轨道设计方面所采取的措施以外，重要的还有在运用维修方面的预防措施。高速铁路运用维修方面的安全预防措施主要有三方面：一是高速铁路的安全预警预控系统；二是列车相关的安全保障体系；三是高速轨检车和综合检测车的集成监测。

高速铁路的安全预警预控系统是指：根据系统外部环境和内部条件的变化，对系统不利的事件或风险进行预测和报警，并采取预防措施。高速铁路安全预警预控系统是一个庞大的系统，涉及范围非常广泛，除了包括高速列车及其配套的相关设备以外，还包括整个路网相关的安全防灾设施，涉及高速列车、牵引供电系统、列车运行控制系统、运营调度系统、工务系统等多个子系统。高速铁路安全预警预控系统的结构方框图如图 7-5 所示，它包括人员安全预警、设备设施安全监测预警、环境与灾害监测预警。

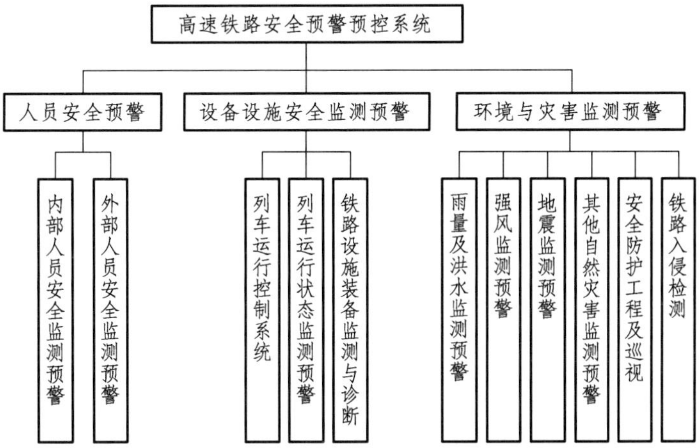

图 7-5　高速铁路安全预警预防系统的结构方框图

（一）人员安全预警

高速铁路运营安全的所有活动都有赖于操作人员高效、安全和可靠的行为。高速铁路运营工作的每个环节、每项作业都是由人来操作、控制和完成的，因此人的因素在高速铁路运营安全工作中起着关键作用。高速铁路运营安全的人员包括运输系统的内部人员和外部人员。

1. 内部人员的安全监测预警

运输系统内部人员主要是指车务、机务、工务、电务、供电、车辆、安监、客运、货运等部门的各级领导人员、管理人员和基层作业人员，他们是保证运输安全最关键的人员。高速铁路运营实践表明，高速铁路员工，特别是运输生产第一线的职工和管理人员，其想品质、业务水平和心理素质等不适应高速铁路的要求，往往是酿成事故的重要原因。

这里所指的内部人员的预警监测，对司机驾驶高速列车时的监测预警占有很重要的地位，这是由司机工作的重要性所决定的。例如，在法国 TGV 高速列车上，安装了司机防睡监视器和速度监测预警装置。

（1）司机室安装了 VACMA 自动防睡警示器。当列车速度超过 3 km/h 时，自动警示器起作用，司机必须每过几秒钟按压或放松按键。如果司机有睡意，未能按正常操作，则警示器立即提醒他按键，如果他还不按要求行事，VACMA 系统将发出列车紧急制动指令，同时报警信号也无线传输给调度指挥中心，向乘务员报警，启动车灯闪烁装置。在列车紧急制动后，必须通过一定的管理程序才能缓解。

（2）在司机室同时还装有驾驶记录仪，记录列车的速度、间隔和时间等参数，还起“黑匣子”作用，必要时可复示列车的运行过程；记录司机操作是否遵守信号指令或其他的安全规定，记录列车的主要运行参数，如牵引、制动等系统的主要参数。

（3）列车上还装有速度表，它由 3 个完全独立的、记录列车实际速度的计数器组成，以三取二的方式确定一个有效值，供司机和车上不同设备使用。速度仪能够可靠、准确、实时地指出列车的速度值，指示误差小于 10 km/h。

2. 外部人员的安全监测预警

运输系统的外部人员也纳入监测预警的范围之中，主要是指对高速铁路运营安全有直接影响的人员。

（1）服务人员的行为。可通过相关的作业标准、规范等进行约束，并采用一定的设备监控其工作状态。

（2）旅客及其他人员的安全监控。主要是指：在客运站内和高速列车上，需要一定的安检设备，主要是红外线、超声波检测和电视监控等设备，对旅客、行李、物品等进行安全检查，防止将易燃、易爆和危险品带入车站和车上，防止无票人员进入站内和登上列车。

（3）对重要设施和区域的治安监控。主要对车站隔离区、车站出入口实施监控，防止暴徒扰乱治安、伤害旅客、炸毁列车等恶性事件的发生。

（二）设备、设施的安全监测预警

高速铁路的设备和设施包括移动和固定两种，对其进行监控的目的是：全面掌握设备、设施的运行状态，及时发现运行中可能出现的危险因素和隐患。

1. 列车运行控制系统

列车运行控制系统主要以技术手段对列车运行方向、运行间隔和运行速度进行控制，使列车能够安全运行，并且提高运行效率。列车运行控制系统的地面设备和车站联锁设备主要是为了实现联锁控制功能，并生成列车控制所需的基础数据，通过车-地信息传输通道将地面控制信息传送给列车运行控制车载设备进行处理后，生成速度控制曲线，监督控制列车安全、高速运行。

1）列车运行控制系统的组成

列车运行控制系统可分为：车载设备和地面设备。地面设备主要检查列车在区间的位置，形成速度信号，向列车传送允许速度、线路参数等信息。车载设备主要由天线、信号接收单元、制动控制单元、司机控制台、速度传感器等组成。它根据接收到的地面信息、列车特性，计算列车制动模式曲线，控制列车运行状态。

列车运行控制系统由 3 个子系统组成：列车自动防护系统、列车自动运行系统和列车自动监控系统。

（1）列车自动防护系统（Automatic Train Protection，ATP）。主要功能是通过车载 ATP 系统和地面设备间的信息传输来实现列车的安全间隔控制、超速防护和车门控制，保证行车安全。

（2）列车自动运行系统（Automatic Train Operation，ATO）。主要完成站间自动运

行、列车速度调节和进站定点停车，并能接收控制中心的运行调度命令，实现列车的运行自动调整。

（3）列车自动监测系统（Automatic Train Supervision，ATS）。主要功能是监控列车运行状态，采用软件方法实现联网、通信和列车运行管理自动化。

2）国外主要的列车运行控制系统

国外列车运行控制系统有多种，如法国的 TVM、德国的 LZB 和日本的 ATC 系列。表 7-4 列出了法、德、日三个国家的列车运行控制系统性能特点对比。

表 7-4　法、德、日三国的列车运行控制系统性能对比

设备名称	法国 TVM430	德国 LZB	日本 ATC
最高运行速度	320 km/h	270 km/h	270 km/h
闭塞方式	固定闭塞	固定闭塞	固定闭塞
制动模式	分级连续式	连续速度控制式	阶梯方式
控制方式	人控优先	人控优先或机控优先	机控优先
安全信息传输	媒介、无绝缘模拟轨道电路	媒介、数字轨道电路	媒介、有绝缘模拟轨道电路
其他信息传输方式	媒介：环线、应答器 方式：地-车单方向	媒介：环线、应答器 方式：地-车单方向	媒介：环线、应答器 方式：地-车单方向
列车定位	轨道电路、车载测距	轨道电路、车载测距	轨道电路、车载测距
区段占用	无绝缘数字轨道电路	无绝缘数字轨道电路	有绝缘数字轨道电路
系统特点	人控优先，有利于发挥司机作用，需要设一个闭塞分区作为保护区段，对通过能力有影响	轨道电缆作为传输媒介，区间有源设备较多，系统造价高，维护较困难	机控优先，有利于减轻司机负担，但对列车制动系统要求较高，绝缘节与我国不同

3）我国高速列车运行控制系统

作为时速 350 km 的列车运行控制系统，我国采用的是基于铁路无线通信 GSM-R 的 CTCS-3 列控系统，该系统由车载子系统和地面子系统组成，GSM-R 可以实现移动闭塞、列车位置和列车移动授权，列车完整性检验和定位校验分别由车载设备和点式设备实现，使室外设备减至最少，运行追踪间隔不低于 3 min。

图 7-6 所示为 CTCS-3 列控系统结构示意图。使用铁路专用的全球移动通信系统 GSMR 进行车—地或地—车的实时无线通信，列车在由无线闭塞中心 RBC 控制的线路上运行，RBC 根据列车占用情况和进路状况向所管辖的列车发出行车许可和列车控制信息，GMS-R 地面设备作为系统信息传输平台完成地—车之间大容量的信息交换。

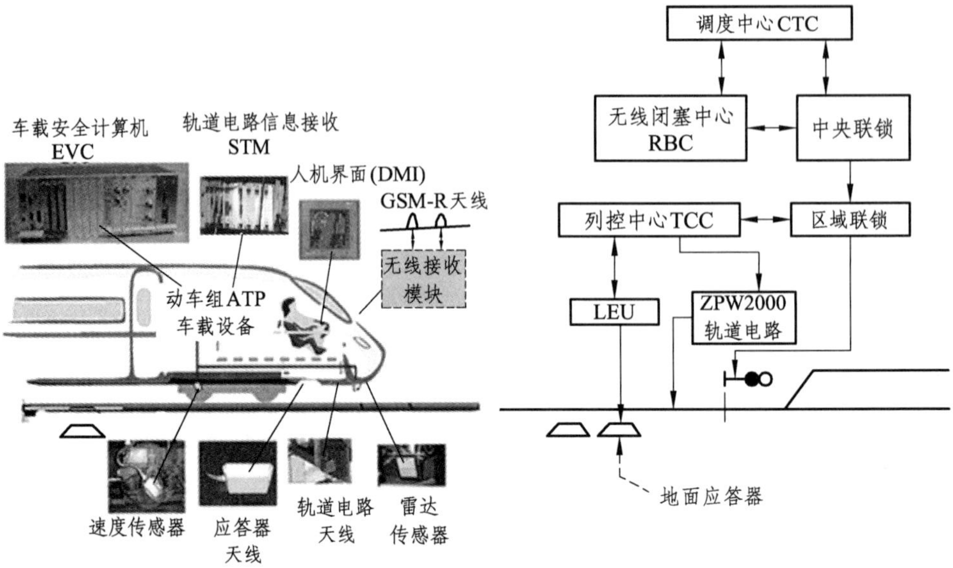

图 7-6　CTCS-3 列控系统结构示意图

2. 列车运行状态监测预警

列车运行状态监测和诊断技术主要用于对列车各部分的状态进行监测和故障诊断。主要对车轴、轮对、车门和电机等关键设备进行监测，其系统结构示意图如图 7-7 所示。监测出的故障、隐患可及时报警，以采取必要的防范措施，同时，通过无线通信系统通知前方维修部门，做好维修、更换的准备工作。

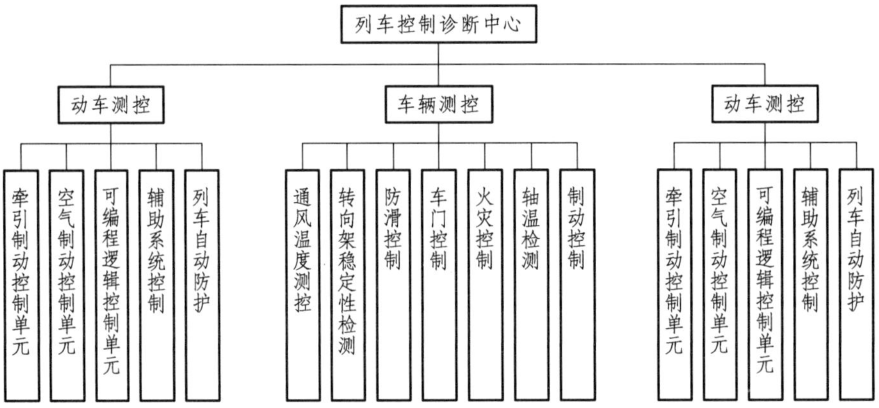

图 7-7　高速列车控制、监测和诊断系统结构框图

高速列车实现全列车自动诊断，动车和拖车都装有数据采集和诊断计算机，对牵引动力、制动系统、走行部、轴温、火灾、车门、空调、照明等运行状况进行监测，一旦出现危及行车安全的故障和隐患时，会发出报警信息，问题严重时还会自动控制列车减速，甚至停车。

高速列车不但能够对列车运行状态进行监测和诊断，而且还能对动车和拖车自身的故障和隐患进行实时检测和诊断，及时探测列车高速运行时转向架的疲劳破坏、接触部件的应力大小、车体结构的振动与噪声、轴箱轴承和车轴温度的高低以及弓网接触压力、接触面几何状态、滑动速度和磨损的状况等。另外，还将列车分离状况、车内温度、烟雾探测等情况通报给司机，使其采取必要的防范措施。

3. 铁路设施装备的监测与诊断

铁路设施装备的监测与诊断系统主要针对铁路的线路、通信信号及其相关控制设备的状态进行综合监测，包括周期性监测和实时监测。该系统的主要任务是：利用各种检测技术（如振动传感器、高速摄像技术、红外线轴温探测技术、超声波检验技术等）、轨检车及综合检测列车监视这些设施装备的状态是否正常，各监测点和车站信息处理中心的工作是否正常，确认各种主要设备的技术状态是否完好，如图 7-8 所示。安装在现场的传感器将采集的检测信息通过无线传输、总线传输或移动存储的方式传送给数据中心或检测车，然后应用各种基础理论建立相应的诊断模型，基于相关的各种算法对数据进行处理分析、诊断，作为报警、决策的依据。

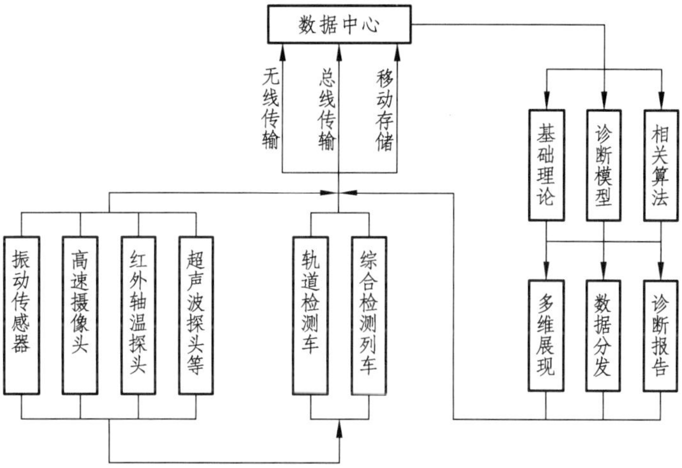

图 7-8　铁路设施装备的监测与诊断系统结构框图

（三）环境与灾害的监测预警

环境与灾害的监测预警主要针对环境灾害和突发事件，包括自然环境灾害和社会治安环境的突发事件，实施全面、准确、实时的安全监控，通过对灾害的监测信息的处理、分析和判断，根据灾害的性质和级别，对运行中的列车或设施进行预警，采取限速运行或停止行驶，以确保高速列车运行安全。环境监测和灾害预警系统包括自然环境监测和社会治安环境监测，由下列组成部分构成：雨量监测预警、强风监测预警、地震监测预警、其他监测预警、铁路入侵监测预警和安全防护巡视，如图 7-9 所示。

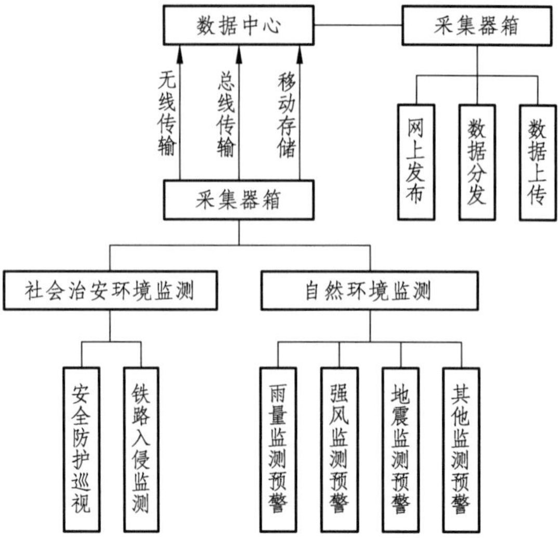

图 7-9　环境监测和灾害预警系统结构框图

任务五　列车碰撞事故预防措施

在同一轨道上的列车或车辆之间发生冲突，其原因主要有：人为差错、规则和规章不健全、列车制动系统故障、信号系统故障、道岔操作失误。

单一列车脱轨造成碰撞的原因主要有以下三类：

（1）列车安全关键部件失效。列车某一安全关键结构部件失效，将导致正常支承（轮轨式铁路列车的车轮、磁悬浮式铁路列车的支承）和/或导向的丧失。例如：

① 轮轨式铁路车辆中的车轮、轴承或悬挂部件的失效。1998 年 6 月，在德国 Eschede 镇，高速列车 ICE1 型以 200 km/h 的速度运行时，由于车轮轮箍断裂造成列车脱轨，发生了震惊世界的重大列车碰撞事故，造成 101 人死亡、88 人重伤。

② 制动系统失效导致冲撞。

③ 列车超速运行，特别是在曲线上超速运行，造成列车高速脱轨。

④ 磁悬浮列车的磁浮支承或导向磁铁中的误动作。

（2）轨道系统失效。轨道系统失效造成列车脱轨而引起碰撞。主要原因有：

① 钢轨本身的缺陷。例如，钢轨接头拉开，轨缝涨大而造成的断轨；钢轨顶部轨面和侧面的磨损而又未能及时、正确地维修等。

② 轨距加宽。例如，钢轨在本身温度应力或列车横向力的作用下产生横向跑道（涨道）。

③ 轨道扭曲。例如，轨道在水平方向的严重不平顺，或者再加上三角坑和沉降，使车体倾斜而造成脱轨。

④ 道岔和转辙器故障。例如，由于道岔转换不及时、尖轨不密贴或断裂等造成的脱轨。

⑤ 磁悬浮式轨道上的零部件发生脱落，造成磁浮支承或导向磁铁与导轨之间的冲击。

（3）人为过失。列车或车辆的操作人员或其他运营和维修人员的人为过失。主要有：

① 司机操纵列车超速运行，特别是在弯道上超速运行。

② 高速列车专用线上低速运行，或在既有线上按常规惯例运行，需要司机依靠手动控制时，最容易发生人为操作失误。

③ 错误地搬动或操纵铁路道岔。

④ 维修人员在列车运行前，已将车辆或轨道置于不安全状态下。例如 1998 年在德国发生的高速列车脱轨碰撞事故，就是在运行前动车段维修时没有按规程对轮对进行超声波探伤，使列车带伤（轮箍横向裂纹）运行，从而造成死亡 101 人的重大碰撞事故。

列车碰撞事故的预防就是要采取措施防止和避免列车碰撞事故的发生，各种避免碰撞的安全要求包括：信号和列车控制系统使列车保持足够间隔；防止轨道上出现障碍物；为了减少公路平交道口碰撞而设置的报警和防护系统；保障列车正常减速和停车的制动系统；制定运营安全法规并实施；提高运营人员素质的资格审定与培训。

一、信号和列车控制系统

铁路信号和列车控制系统作为碰撞的预防措施，其主要任务是：避免列车之间的相互冲突；避免与同一轨道范围内的障碍物、养路机械碰撞；避免列车冲出轨道终端。因此，铁路信号和列车控制系统是完成行车控制、运营管理的综合自动化系统，主要用于保证行车安全、指挥行车和提高行车效率。高速铁路信号和列车控制系统主要包括：列车运行控制系统、调度集中系统（CTC）和联锁系统，如图 7-10 所示。该系统的设备主要布置在调度中心、车站、区间信号室、车辆段、维修基地、线路旁和列车上。

（一）信号和列车控制系统的功能

1. 确保进路的完整性

列车取得“行车许可”需要一个过程，即要确保轨道已经清除了其他列车和所有障碍物，道岔已正确定位，且没有发布过与之相矛盾的“行车许可”。在传统铁路术语中，执行这种功能的设备称之为“联锁”设备，它由导线连接的继电器逻辑电路组成。目前联锁设备已逐渐发展为由软件控制的计算机系统，即在高速列车运行中，将列车位置、当前行车许可和道岔设置状态等全部数据自动输入到联锁系统中，而无须手动操作，除非设备故障后需要列车紧急低速运行。

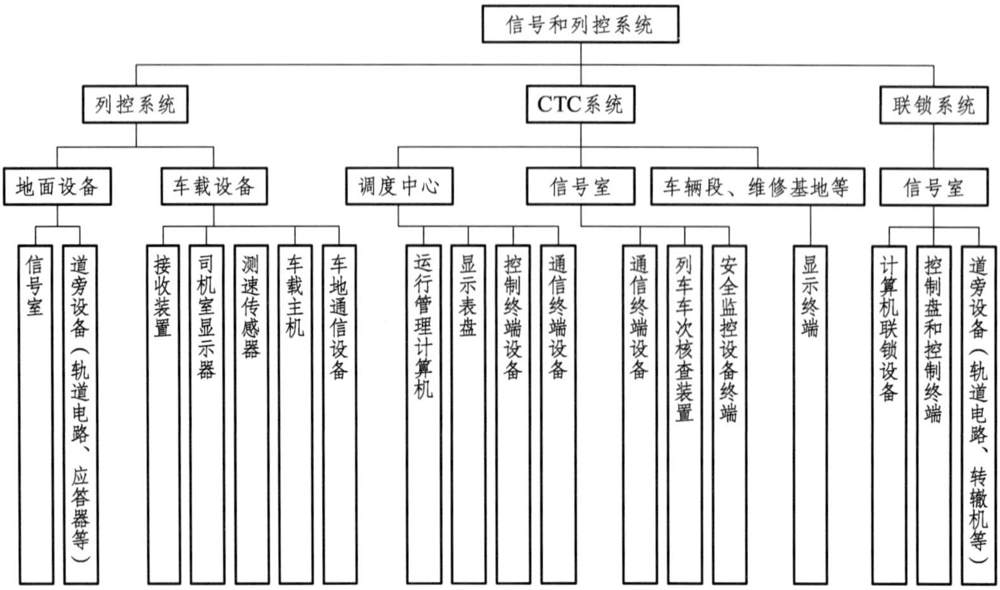

图 7-10　高速铁路信号和列控系统的组成

2. 行车许可的传输

联锁系统发出安全的行车许可，通过通信系统将行车许可正确地传输给操作人员（车上或调度中心的操作员），或者传输给列车自动操纵系统（ATO）。在传统铁路上，这是由列车操作人员观察地面信号来完成的；而在高速铁路中，则由司机操纵台上的信号或显示取代。对于自动或半自动的轨道交通系统，操作人员的作用被 ATO 系统所取代，ATO 系统接收行车许可并执行，负责牵引和电制动的所有控制及停车操作，包括列车的区间速度调节。在某些自动信号系统和机车信号系统中，通信系统还对已经显示或接收的正确信号或指令提供反馈。

3. 安全速度实施

无论列车是通过手动还是依赖自动控制，其安全速度实施系统必须确保列车速度不得超越行车许可规定的速度限制。这一功能是由列车自动防护系统（ATP）来执行的。ATP 系统负责操作防护的所有工作，包括所有子系统的安全控制，诸如线路空闲、列车间隔、超速防护和操作安全等的监视。许多传统铁路不具备任何类型的安全速度实施，完全依靠操作人员的控制能力。目前所有运行速度超过 200 km/h 的高速列车系统都装备了强制遵守速度限制和列车控制指令的 ATP 系统，在列车高速运行时自动对运行速度进行控制，不再由司机人为控制。因此，APT 系统成为预防高速列车超过安全速度运行而采取的主要措施，其目的是通过自动控制或自动监视司机的行为，来预防和避免人为过失，将导致列车碰撞或脱轨的危险性降至最低。

（二）信号和列车控制系统的安全功能需求

由上述信号和列车控制系统的功能可以看出，高速铁路信号和列车控制系统必须满足以下的安全功能：信号联锁控制、列车追踪间隔控制、列车超速防护。

1. 信号联锁控制

为了避免列车冲突，需要对信号机、道岔和进路进行联锁控制，以确保行车安全，这是传统铁路信号控制的核心安全功能。高速铁路则在既有联锁控制的基础上，提高了安全功能的需求，将安全控制与列车运行控制紧密联系起来。主要体现在：

（1）延长接近区间长度，延时解锁时间，以适应列车的高速运行。

（2）延长道岔区段长度，以适应高速列车运行控制信息传输的需要。

（3）向列控系统安全传输联锁信息，给列车提供联锁进路的行车许可，以防止列车闯入未锁闭的联锁进路。

2. 列车追踪间隔控制

为了避免列车追尾，在同一线路上运行的两列追踪列车应保持适当的间隔距离。间隔距离的大小取决于列车的运行速度、制动性能、安全防护距离等因素，同时也取决于列车的控制方式。既有线列车追踪间隔的控制主要基于自动闭塞和人工驾驶，司机须视地面行车信号来决定。显然，这种方法不能满足高速铁路的要求，高速铁路必须配备列车运行控制系统，以保证高速列车运行安全。

3. 列车超速防护

高速运行的列车一旦超过规定的运行速度，可能导致灾难性的后果，因此列车超速防护是高速铁路信号系统的核心安全功能。超速防护的主要功能是防止列车冒进信号和超过规定速度运行。规定速度主要指：① 线路允许速度，包括线路结构限速和线路运营限速；② 机车车辆的构造速度；③ 临时限速，包括线路施工所需的临时限速和自然灾害引起的限速等。

列车超速防护是由列车控制系统地面和车载设备协同实现的。列车控制设备根据地面设备传输的目标距离、目标速度、线路参数所描述的信息和临时限速，结合列车本身的制动性能，自动计算出目标距离的速度控制模式曲线，司机则按照车载设备提供的速度控制信息来控制列车运行。当列车实际速度超过速度监控曲线时，列车控制系统车载设备自动触发常用制动或紧急制动，以确保列车运行安全。

（三）信号和列车控制系统的安全技术标准

高速铁路信号和列车控制系统的安全功能需要通过系统设计和控制设备来实现，安全技术标准和安全技术措施是保证安全功能正确实现的基础。

1. 国际标准

轨道交通系统安全相关的国际标准主要有：IRIS、EN50126、EN50128、EN50129 标准。此外，还有 GJB 900—90 和 GJB/Z 99—97 军用标准。

2. 国家标准

与上述国际标准相对应，等同采用这些国际标准的中国国家标准也已经或正在制定。

（1）GB/T 20438—2006 等同于 IEC61508：1998《电气/电子/可编程电子安全相关系统的功能安全》。

（2）GB/T 21562—2008 等同于 IEC62278：2002（EN50126：1999）标准《铁路应用：可靠性、可用性、维修性和安全性（RAMS）规范及示例》。

（3）GB/T 28808—2012 等同于 IEC62279：2002（EN50128：2001）标准《铁路应用：通信、信号和处理系统——铁路控制和防护系统软件》。

（4）GB/T 28809—2012 等同于 IEC62425：2007（EN50129：2003）标准《铁路应用：通信、信号和处理系统安全相关的信号电子系统》。

3. 国家军用标准

20 世纪 90 年代，我国国防科学技术工业委员会发布了两个关于系统安全性的国家军用标准：GJB 900—90《系统安全性通用大纲》和 GJB/Z 99—97《系统安全工程手册》。这两个标准是在参考美国相应的军用标准 MIL-STD-882D 和军用手册 MIL-HDBK-764（MI）的基础上制定的。

（1）GJB 900—90 军用标准《系统安全性通用大纲》，规定了军用系统安全性的一般要求、管理与控制、设计与分析、验证与评价、培训、软件系统安全性等方面的标准，作为订购方提出具体系统的安全性要求和承制方制定具体系统的安全性大纲的基本依据。

（2）GJB/Z 99—97 军用标准《系统安全工程手册》，提供了系统安全性管理与控制、系统安全分析及安全性设计、验证与评价的方法和示例，为开展系统安全工作提供指导。

（四）信号和列车控制系统的构成

高速铁路信号和列车控制系统的工作原理是：调度集中系统（CTC）将进路指令传输给联锁系统；联锁系统将排好的进路信息发给列车控制系统地面设备；列车控制系统地面设备再根据联锁系统的进路信息、列车追踪信息、允许速度信息以及线路信息等形成列车行车许可，传输给列车控制系统车载设备；车载设备通过接收行车许可来控制列车的运行。

1. 列车运行控制系统（ATC）

列车运行控制系统是现代铁路信号系统的核心，由它来实现列车的超速防护功能，保证列车行车安全。ATC 系统由 4 个子系统构成：中央控制子系统、地面控制子系统、车载控制子系统和通信网络子系统。其结构示意图如图 7-11 所示。

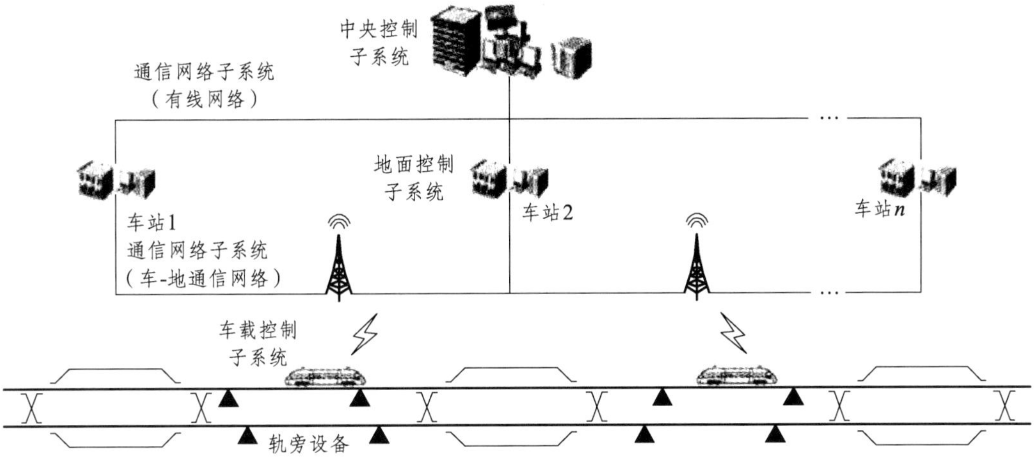

图 7-11 高速列车运行控制系统结构示意图

1）中央控制子系统

该系统是高速列车运行控制系统的控制中心，具有控制和监督列车运行的功能。根据列车运行图编制列车运行命令，并传输给地面和车载控制子系统。还显示区域内列车的实际运行状况，并具备列车运行计划调整、实际运行图描绘、行车日志生成、存储和打印及传送调度命令、车次号校核等功能；同时，还向车站、乘务室等部门发布调度命令，并经无线传输向司机下达调度命令等。

2）地面控制子系统

该系统包括位于车站信号楼的室内控制系统和轨旁系统。室内控制系统包含车站联锁系统、无线闭塞控制系统（RBC）等；轨旁系统包含道岔、信号机和查询应答器等。根据从中央控制子系统接收的调度命令和车站列车的状态信息，办理列车进路，并生成列车控制所需的基础数据，通过车-地通信网络，将有关信息传输给列车，经车载控制子系统处理后，生成列车速度-距离模式曲线，监督控制列车安全可靠运行。

行车许可是指：列车被允许的运行凭证和距离。线路数据则包括静态速度-距离曲线、坡度曲线、轴重速度曲线、线路条件、进路适合性数据、临时限速和分相区信息等。

3）车载控制子系统

该系统根据地面控制子系统提供的行车许可和线路数据，生产速度-距离模式曲线，连续、实时地监控高速列车的运行速度，自动控制列车的牵引和制动系统，实现列车的超速防护等功能，向司机提供驾驶列车的相关信息。车载控制子系统还包括车载记录装置（黑匣子），用于记录列车的运行工况、位置、速度信息、系统自身的运行状况和司机的操作状况等。另外，车载测速和定位装置也属于车载控制子系统。

4）通信网络子系统

该系统包括有线网络和车-地通信无线网络。有线网络用于连接中央控制中心与地面控制子系统，实现子系统间安全可靠的数据传输。车-地通信无线网络用于地面和车载控制子系统的信息交换，以实现它们之间安全可靠的数据传输。

2. 调度集中系统（CTC）

1925 年，美国人 S.N.Wight 提出按照信号显示控制列车运行的方法。这一方法被美国铁路协会采用并命名为“调度集中”（Centralized Traffic Control，CTC）。可见，调度集中是一种列车运行方式。由于调度集中不仅提高了可以计算的铁路通过能力，而且实现了对列车运行的实时监督和控制，将列车的确切位置、线路和信号设备状况信息迅速传输给调度所，并通过调度集中设备集中发送控制命令。因而，调度集中极大地提高了运输效率，加快了旅行速度，节省了工作人员，改善了劳动条件，提高了列车运行的安全程度，得到了迅速、广泛的应用。尤其是随着高速铁路的迅猛发展和计算机技术的进步，利用计算机对高速列车进行集中调度管理已经成为高速铁路的必然选择。图 7-12 所示为计算机综合调度系统的结构示意图，其主要功能有：

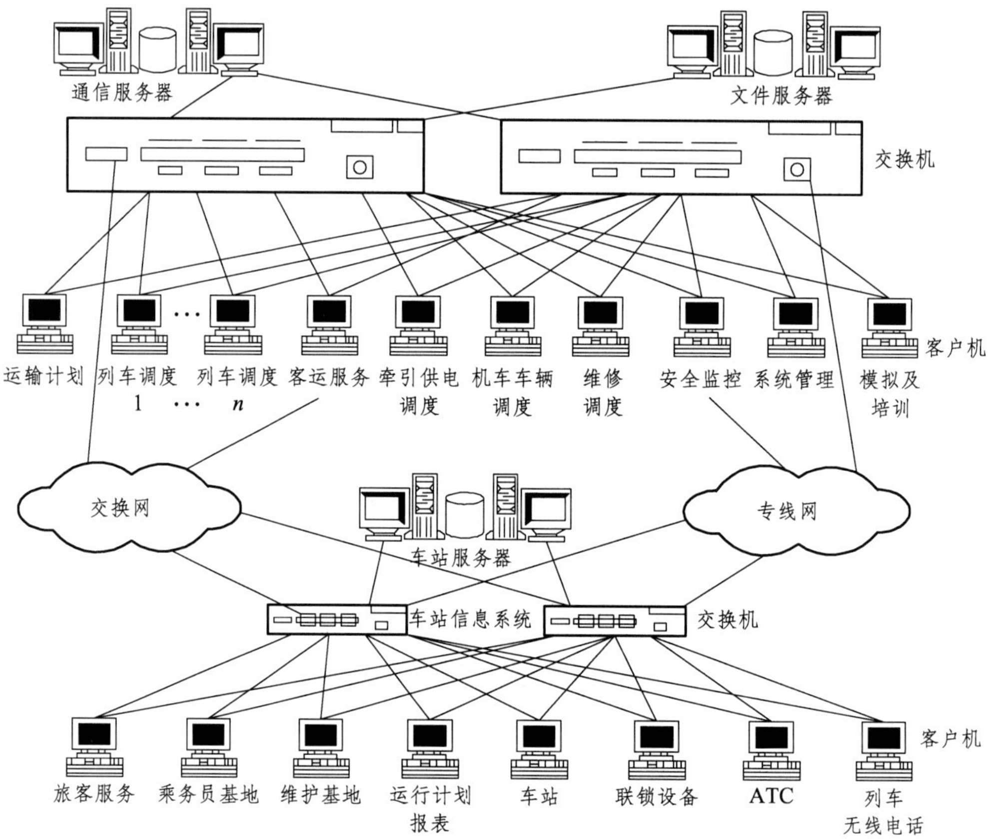

图 7-12　计算机综合调度系统结构示意图

（1）集中监视列车运行情况。

（2）集中控制列车进路。

（3）显示、输入、编辑、复制、取消、启用和停用时刻表。

（4）自动记录列车运行时间，自动绘制列车实际运行图。

（5）对调度计划提供决策支持，获得最佳的列车运行方案。

（6）实现列车进路的自动控制。

3. 计算机联锁系统

联锁被定义为：信号设备（信号机、道岔和进路）相互连接的一种制约关系。联锁系统的功能是：按照预先规定的顺序和方式实现这种关系。联锁系统是铁路信号系统的重要组成部分，主要用于车站进路的控制和保证列车运行和作业的安全（见图7-13）。目前，传统铁路广泛使用的联锁主要是继电集中联锁。但是，随着科学技术的进步和计算机技术的发展，计算机联锁已成为铁路信号系统发展的必然趋势，继电联锁逐步被计算机联锁取代。高速铁路的联锁系统都采用计算机联锁。与继电联锁相比，计算机联锁系统主要具有以下的优越性：

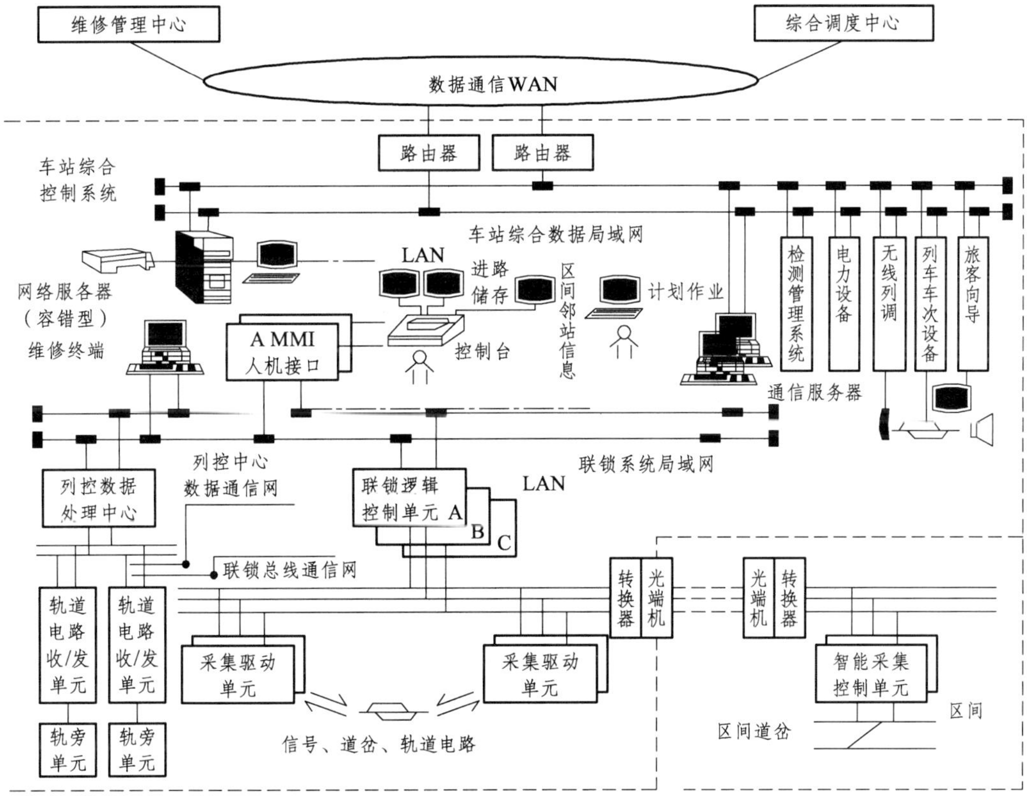

图 7-13　车站综合控制系统总体框图

（1）功能完善。计算机联锁系统可通过增加少量硬件和开发软件，对功能进行改进和扩展；继电联锁则因站场结构、电路逻辑层次、继电器数量等的影响而受到限制。

（2）信息量大。计算机联锁系统可利用各种网络手段，与调度集中系统、列车控制系统联网，交换各种信息，使整个信号和列车控制系统协调工作。

（3）易于实现系统的自诊断和自检测，并通过联网实现远程诊断，有利于系统的维修管理。

（4）体积小、功耗低、投资少。随着集成电路的大规模发展，计算机联锁系统的造价会越来越低，与继电联锁相比将更占优势。

二、地界安全防护

地界安全防护作为碰撞的预防措施，其主要任务是：避免与轨道上的障碍物，包括动物、人员、岩石和碎石等碰撞；避免与相邻轨道侵入限界的其他列车或车辆相撞；避免与车辆前方坠落的物体相撞。

地界安全防护主要有以下措施：

（1）设置栏栅。这是各国铁路常采用的地界安全防护措施，以防止非法闯入者和迷途的动物侵入轨道。对于高速铁路专用线，一般采用地界全长设置栏栅；对于高速列车与传统列车混跑的线路，尤其是非电气化的线路，并非全长设置栏栅，例如英国铁路一般线路未设封闭栏栅，因此非法入侵常有发生，造成大量列车碰撞事故。1984年曾发生列车与一头奶牛相撞事故，造成13人死亡，从而促使英国铁路制定了铁路必须全封闭的法律。

（2）采用地界安全报警装置。一些国家铁路采用地界安全报警装置，尤其日本铁路新干线所采用的预警装置还用于预报地震；法国大西洋线与公路共用一个交通走廊，在其上方的公路桥梁上安装了报警系统，以防止公路车辆冲出桥梁栏杆落入轨道范畴。目前，对于相邻轨道上冲击高速列车的事故常被认为无须采用特殊的预防措施。但是，对于电气化线路却必须采取预防措施，以防止高压接触网或高压设备与列车意外接触。

（3）高架地界。很多高速专用线都采用地界高架的方法，线路建在高架桥上，这样既节省了土地，又避免了碰撞。

三、铁路和公路平交道口

在铁路和公路平交道口，列车与公路车辆碰撞事故几乎是所有国家最重要的事故类型。其后果对公路车辆始终都是严重的；但当公路车辆是卡车或重型车辆时，其后果对于列车有可能是严重的。平交道口处的安全防护就是为了减少道口处列车与公路车辆之间碰撞的发生率。

平交道口安全防护措施如下：

（1）取消平交道口，合理改变公路运输的进路。

（2）根据铁路和公路运量及列车运行速度，在满足经济合理的条件下，将平交道口改为立交道口。

（3）加设平交道口报警和防护设施，例如闪光信号、音响信号和栅栏。

（4）加强公众教育，宣讲铁路平交道口的危险性，增强公众道口安全意识。

（5）加强报警和防护管理，尤其是在报警周期开始时间和列车通过时间之间实现最佳化控制。

（6）加设公路上的中央栏栅，以防止车辆迂回通过栏栅门的现象发生。

（7）限制通过平交道口的列车最高速度。例如欧洲铁路（德、法和意）限制为 200 km/h；英国铁路为 140 ~ 160 km/h；加拿大为 150 km/h。对于新建高速专用线，所有道口都应为立交道口。

四、制动系统及其安全性能

对于轨道交通系统安全来说，要求列车在任何时间和规定的距离内必须具备减速和停车的能力，这一直以来就得到铁路从业者和社会的认同和肯定，而且关于制动系统性能的法规也是铁路早期安全法规的重要内容。

制动系统安全性能的要求：

（1）故障安全。制动系统必须是故障安全的，这意味着，制动系统不可以有误动作，否则制动机的操作控制误动作和供电故障都会导致制动能力的丧失。一般来说，系统设计时应考虑：在系统发生故障时使系统导向安全。例如，空气制动机列车管路漏气时应使列车中的全部车辆产生制动作用；另外，各个制动机需要连通而不能断开，以避免列车在非制动状况下，个别制动机发生“抱闸”，造成车轮踏面或盘形制动闸片严重过热和破裂。

（2）合理的制动指令及其程序。制动系统设计和操作程序应保证列车在未得到足够的制动动力以前，绝对不能启动运行。一般的制动规程要求，一列列车中至少有 80% ~ 90%的制动机可以动作，这种能力必须通过合理的循环制动操作指令予以保证。

（3）预制动试验。必须在发车前进行预制动试验，以确保列车上的所有制动机均处于可工作状态，一旦列车编组改变，须重新进行这种试验。各节车辆之间的制动管道和电气线路未连接好可能是发生事故的最常见的原因，当未连接好时，制动机可能不能工作或工作不正常，这时会使制动能力下降、制动距离延长、制动机过载等。

（4）制动距离满足要求。制动距离必须满足信号机和列车控制系统的要求。按照惯例，制动距离的验证必须在列车间隔时分和信号间距的基础上进行，通常，假定 10% ~ 15%的制动机不工作。

（5）安装防滑器。由于车轮和钢轨之间产生滑动，会使车轮踏面损伤，随着滑行的发展，会发生车轮抱死、踏面擦伤的故障，因此须采用防滑器来防止这种现象的发生。首先，防滑器对打滑进行检测，即通过对车轮滚动的线速度进行监测，以速度差、减速度及其变化率作为评价指标。在发现打滑后，利用降低制动缸压力的方法来恢复黏着。

五、运营规程和做法

轨道交通系统的运营规程一般包括：列车运营管理所必需的全部规程。其中有：机务人员对信号显示的响应规程、操作人员和调度人员之间的通信规程、值班人员的管理规程等。相关的文件还有：火车时刻表能提供相关设备、线路位置等的特殊运用规则和运行速度的限制等；乘务人员的配置、最长工作时间和轮休周期的规定；对紧急事件的反应要求等。良好的运用法规和规程能够减少因列车乘务或调度人员的人为过失而引起的碰撞隐患，一旦发生紧急情况，运营人员能采取相应的紧急措施，以最大限度地减少人员伤亡。

运营人员的人为过失是导致列车碰撞事故最重要的原因之一。因此，即使采用了复杂的 ATP 系统来监视操作人员的行为，建立适用于高速列车系统操作人员的运营规程也非常重要，并适时地付诸实施更为重要，当某一自动系统出现故障或人为失误后，马上采取紧急措施，才能避免事故的发生。

六、运营和维修人员的资格和培训

（一）人员资格考核和培训的必要性

运营人员的人为失误，包括列车运营人员、传递运营命令的调度员和信号员的过失，是导致列车发生碰撞事故的重要原因。人为失误包括：不遵守信号显示的指令；违背运营法规和命令；超过允许的速度，包括区段或列车允许的速度等。确保对运营人员技术资格的合理考核和培训，是防止这类事故的重要因素。这种要求是轨道交通运输部门应始终坚持的，即使在高度自动化的今天也是一样，而且还应加强。例如，当列车进站停车，或者运营发生故障，或自动化系统误动作等之后，总会需要由人来手动控制。

负责列车、轨道和控制系统检查、维修人员的人为失误和疏忽，也是造成事故的诱发原因。引起不安全的状况，可能是由于相关人员在检查中未发现不安全因素，或者检查程序不恰当。因此，与运营人员一样，必须对维修人员的技术资格进行合理的考核和培训，这是防止人为失误而造成事故的一个重要措施。

（二）资格考核和培训的法规和做法

对轨道交通运营人员和维修人员的考核和培训，主要是各个运营公司自己内部的责任，因此各国的作法明显各异。例如，法国铁路具有高速列车在常规铁路上长期运营的经验，并且所有的高速列车运营人员均为高级雇员，仅把 TGV 高速列车作为一种新设备来对待，对运营人员的培训是短暂的；对于日本高速铁路来说，新干线是独立系统，与其他铁路有本质的区别，需要进行全面的培训。

各国铁路对运营人员的培训都是非常严格的，一般都采用驾驶模拟器进行培训，对新型高速列车和基础设施的结构常常有新型的维修和检测设备，在提供设备的同时都有详细的操作说明书，因此一般须按照说明书或专门教材进行培训。

项目小结

本项目从事故预防理论出发，阐明了事故的基本特征，掌握事故规律，从源头避免事故的发生，并从四大原则讲解有效的预防技术措施，以达到减少甚至消除人身伤害和财产损失事故、提高效益的目的。本项目的知识体系结构如图 7-14 所示。

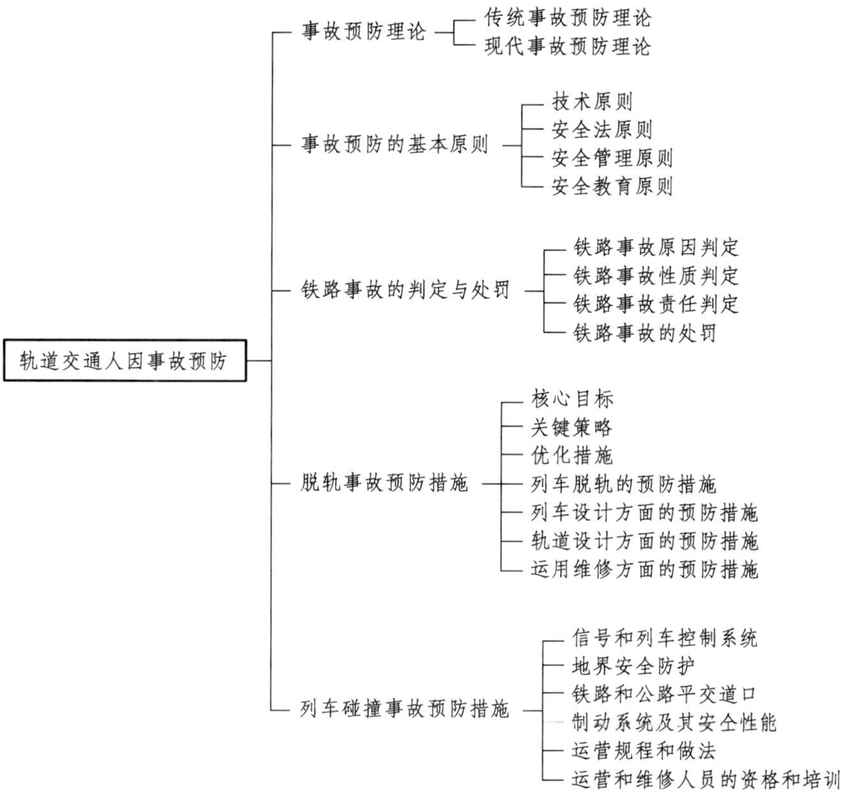

图 7-14 “轨道交通人因事故预防”知识体系结构示意图

思考训练

1. 搜集事故预防的相关文字、视频资料，制作主题为“轨道交通人因事故预防”的 PPT。

2. 思考在以后的工作中，有哪些可以从自身做起的事故预防方法。

项目八　人因事故调查报告书与事故档案

我国铁路实施《铁路交通事故应急救援和调查处理条例》，全面推行与深化安全风险管理，在“人-机-环-管理”系统中，深入研究导致铁路行车人因事故的不安全行为的特点。铁路行车事故是人们违背安全生产规律所受到的惩罚与教训，它告诉铁路工作者必须按规章操作。铁路行车事故又是强迫人们必须接受的最真实的“科学试验”，它蕴藏着丰富的经验、教训、知识和新课题，可以说，事故是技术进步之母。所以，如实记录铁路行车事故经过，找出事故发生的真正原因，深刻吸取安全事故背后的惨痛教训，痛定思痛，对症下药，才能避免同样的悲剧再次发生。

12·12 行车安全重大事故

任务一　人因事故调查报告书的内容与要求

人因事故的分析与预防作为现代企业安全的主要影响因素，人因事故表现出较高的重复性，较多表现为安全教育与管理不足，员工安全意识淡漠。伤亡事故调查报告书是人类在进行生产活动以及在改造、利用大自然中所付出的沉重代价与接受教训的证明书，是一部血写的技术报告；是找出事故原因、教育当事人与后人、避免事故再次发生，是防范事故发生的最有效的教材；是修正安全技术操作规程和制定技术标准及设计规范的重要依据；同时也是事故处理的关键材料，司法机关办案和刑事诉讼的主要证据。所以，如何全面、完整、准确地找到事故经过和事故原因，做出公正、科学、符合客观事实的结论，并用文字形式系统、详实、规范地写出事故调查报告书，有着十分重要的意义。

一、事故调查报告书的主要内容

《生产安全事故报告和调查处理条例》（国务院令第 493 号）对事故调查报告书作出了非常明确的规定（第三章第三十条）。

（1）事故发生单位概况；

（2）事故发生经过和事故救援情况；

（3）事故造成的人员伤亡和直接经济损失；

（4）事故发生的原因和事故性质；

（5）事故责任的认定以及对事故责任者的处理；

（6）事故防范和整改措施。

同时，事故调查报告还应当附具相关证据材料，如《事故技术鉴定书》《事故调查询问笔录》《事故现场勘察报告》和相关调查材料、图纸和照片以及尸检报告等。事故调查组成人员还应当在事故调查报告上签名。

事故调查报告书形成后，应立即呈报负责事故调查的人民政府审批。人民政府批复后，除按照有关规定进行公布和处理外，应与事故调查的有关资料一同归档保存。

二、事故调查报告书的相关要求

国家对事故调查报告书的格式和内容都做了比较详细的要求，在实际的工作中也做的比较规范。但是对于事故调查报告书的相关证据材料则没有形成规范的要求，或者说调查证据材料规定不全面、不具体、不规范和不能说明事故调查报告书中的内容，为此有必要做出要求或者说明。

例如，《事故技术鉴定书》是《事故调查报告书》的重要组成部分之一，也是撰写《事故调查报告书》的主要依据。如果事故发生后，尤其是伤亡事故发生后，不进行详细的技术鉴定，从而制定切实可行的防范措施，而是草草了结，会导致很多类似的事故重复发生，形成事故的恶性循环。

因此，《事故技术鉴定书》是《事故调查报告书》的核心，也是撰写《事故调查报告书》的基础。

（一）对事故技术鉴定的要求

事故技术鉴定是事故调查和事故技术鉴定组的主要任务，其目的就是查清事故的直接原因，并分析研究找出事故的间接原因，从而达到运用技术手段与方法说明违反客观（生产）规律或自然规律而酿成事故的必然性，体现事故技术鉴定的要求和事故调查的科学性。

由于事故的表现形式多种多样，事故的原因错综复杂，特别是有的事故发生后，事故的现场全部被破坏，甚至事故的当事人已经死亡或难以查到，这就需要大量、反复地勘察论证、调查分析、模拟试验、专项技术鉴定和重点物证采样化验。实践证明，一般事故的发生都离不开以下四大方面的原因，即人的不安全行为、物的不安全状态、环境的不安全因素和管理上的失误、缺陷与混乱。事故的触发往往由这四种或其中的三种、两种原因同时联合作用或某一种原因单独作用而造成。通过现场技术勘察、调查询问、分析物证、模拟试验，技术鉴定组最后对事故的直接原因作出技术上的结论，并形成文字，以《事故技术鉴定书》的形式表达。

（二）技术鉴定书的基本内容与格式

1. 自然状况

自然状况是技术鉴定书的第一部分，是事故发生前与事故有关的各种自然情况的介绍。它主要包括：

（1）天气（自然环境）、工作环境，即温度、照度、湿度、噪声、色影度和有毒、有害物质的含量及取样分析或检测纪录。

（2）事故单位设备或设施及使用状况。

（3）主要管理者、受害人和肇事者状况，包括姓名、年龄、文化程度、身体情况、职业、技术等级、工龄、本工种工龄、支付工资形式和接受安全教育情况。

例如：事故发生前天气恶劣或下暴雨，引起一些人心烦意乱、关节疼痛，或出现水灾（水淹、涌水和透水），影响安全，容易引发事故。又如：事故肇事者或主要管理者没有受过一定的安全技术培训，不懂或马虎大意，也容易引发事故。所以，自然状况非常重要，它是技术鉴定书的引子、纲领。

2. 事故经过与勘察论证

事故经过与勘察论证是形成技术鉴定书的主要内容。事故经过，即指与事故有关的事，应客观而简洁的叙述。但并不能局限于当班某一个人，应根据所提供的各种材料、现场勘察的主要物证、现场或实验室的试验数据、专项技术鉴定、模拟试验报告和理论计算数值及法医检验报告等，进行综合分析、反复讨论后，对事故经过进行详实、科学地叙述；应说明事故前或事故发生时，受害人和肇事者什么时间开始工作、工作内容、工作量、作业程序、操作时的动作或位置；同时对现场管理、经营管理、劳动组织、安全投入、安全教育和安全技术规程等方面存在的问题及其与事故的因果关系也应论证表述清楚，并注明肇事者或单位违反的安全操作规程或国家安全生产法律、法规的名称、条款。在论证中必须有严密的推理过程，语言确切、用词恰当。

3. 事故原因与结论

事故原因与结论应该是所鉴定内容的精练、准确的概括，是以结果和讨论为前提，经过严密的逻辑推理所作出的最终决定，是全篇技术鉴定书的精髓。事故原因应主要阐述事故的直接原因，简单指出事故的间接原因；事故时间、事故地点、事故类别、伤亡人数、事故性质和鉴定结论日期等，都应在结论中简洁、准确地表述清楚。

4. 附件材料

附件材料也是事故技术鉴定书的主要组成部分，是撰写事故技术鉴定书的必备资料，它主要包括事故现场图、事故调查询问笔录、事故模拟试验报告、事故专项技术鉴定、法医检验报告、鉴定所依据的主要物证、照片、理论计算推导过程的数据和鉴定人员名单与签字。根据《事故技术鉴定书》书写顺序中所引用的附件材料的依据、数值，应将附件材料编写成附件一、附件二、附件三等，并附在《事故技术鉴定书》之后。事故技术鉴定书中所使用的计量单位应采用国际统一标准，并前后一致。

总之，伤亡事故技术鉴定，尤其是重特大伤亡事故技术鉴定是一项非常严肃、技术性和科学性比较强的工作，是制定事故防范和整改措施的重要根据，是写好《事故调查报告书》的主要依据。

任务二　铁路行车人因事故调查报告书与评析

为了帮助事故管理者更好地做好事故管理工作，防止类似事故重复发生，掌握事故调查报告书的书写格式和写作方法，撰写好事故调查报告书，下面以一起铁路行车特别重大事故的事故调查报告为例，结合国务院颁布实施的《生产安全事故报告和调查处理条例》的内容要求加以评析，供读者学习参考。

一、事故报告书的主要内容与格式

湖南省境内“4・29”铁路行车特别重大事故调查报告

1997 年 4 月 29 日 10 时 48 分，京广线湖南省境内荣家湾车站发生了 324 次旅客列车与 818 次旅客列车追尾冲突行车特大事故。

一、事故经过

1. 概况

1997 年 4 月 29 日 10 时 48 分，昆明开往郑州的 324 次旅客列车行至京广线荣家湾站 1453 公里 914 米处，与停在站内 4 道的 818 次旅客列车尾部冲突，造成 324 次旅客列车机后 1 至 9 位颠覆，10 至 11 位脱轨；818 次旅客列车机后 15 至 17 位（尾部 3 辆）颠覆。

2. 经过

1997 年 4 月 29 日，818 次旅客列车（长沙—茶岭）全列编组 17 辆，总重 901 吨，由长沙机务段 ND2 型 222 号机车牵引，司机李×、副司机李×和长沙列车段运转车长罗××担当值乘，长沙客运段担当客运乘务。列车于 10 时 35 分到达荣家湾站 4 道停车，计划待避客车324次。

324次旅客列车（昆明—郑州）全列编组17辆，总重882吨，由长沙机务段DF4型2520号机车牵引，司机李××、副司机陈×和长沙列车段运转车长谭××担当值乘，郑州客运段担当客运乘务。列车10时42分通过黄秀桥车站后，荣家湾车站值班员曾海泉即布置信号员李××办理324次列车Ⅱ道出站信号。324次列车凭荣家湾车站进站信号机绿色灯光进站，行至12号道岔处，司机发现列车进路不对，立即采取紧急制动，停车不及，与停在站内4道的818次旅客列车尾部发生冲突。

二、现场勘察、鉴定及模拟试验

1. 列车冲突时间、地点及现场状态

冲突时间：1997年4月29日10时48分。

冲突地点：京广线1453公里914米处。（荣家湾站内4道）

事故机车、车辆于5月2日7时48分全部起复，车站恢复正常行车。

2. 人员伤亡及损失情况

（1）人员伤亡情况：这起行车事故共造成死亡126人，重伤48人，轻伤182人。

（2）行车设备损坏情况：机车报废1台，客车报废11辆、大破3辆、中破1辆、小破1辆，线路损坏415米，直接经济损失415.53万元。

3. 与事故有关的设备现状

信号员在办理324次1道正线通过进路时未发现控制台有任何异状，光带显示正确。事后经查证控制台和解锁盘各部铅封守好齐全；12号道岔反位开通4道，道岔无任何损伤。

4. 列车运行监控记录装置检索情况

324次本务机车DF4型2520号列车运行监控记录装置主机（长机-016），从机车上封连线卸下后送岳阳机务段转储检索。

记录数据为：

信号显示：324次列车9时35分从长沙开车至荣家湾进站信号，全程显示绿灯。

进站速度：荣家湾进站时，每小时117公里。

列车管风压：荣家湾进站时为600千帕，行至1454公里12米处，风压为550千帕，3秒钟内降至零。

撞车位置：1453公里914米处。

检索结果表明：324次列车进荣家湾站时信号显示绿色灯光，就由1道正线通过。机车乘务员发现错进轨道时，立即采取了紧急制动措施。

5. 事故原因模拟试验情况

1997年5月3日9时03分至10时26分，技术调查组根据“4·29”事故调查领导小组批准的“4.29特大事故调查组模拟试验提纲”，对4月29日324次旅客列车与818次旅客列车尾部冲突原因进行了现场模拟试验。模拟试验的结果验证了事故发生的原因。

三、错接二极管犯下滔天罪

经过调查、模拟试验及技术分析结果表明，导致这起行车事故的原因及过程是：

4 月 29 日 8 时许，长沙电务段荣家湾信号工区工长吴××，安排信号工郝××、谢××对荣家湾站内南端 12 号道岔区段以南的道岔及信号机的电缆盒进行配线整理、加端子牌和内部卫生清扫，吴××自己在信号楼内担任联系。

8 时 30 分左右，谢××步行来到荣家湾站南端 14 号道岔处，开始对 14 号电缆盒进行清扫、加装端子牌编号；郝××骑自行车来到 12 号道岔处开始进行作业，郝××先打开 12 号道岔×B 变压器箱，将箱内的 1 号端子电缆线甩开，擅自使用二极管封连线，将 1、3 号端子封连（此时 12 号道岔处于定位），而后又将 HZ-24 电缆盒打开，进行配线整理。10 时 22 分，车站办理 818 次旅客列车进 4 道接车线路时，郝××发现 12 号道岔由定位转至反位，马上打电话问吴××“现在上行什么车进 4 道？”吴××回答“是 818 次”。吴××告诉郝××：“818 次进站后我要接车”，并要求郝××停止作业。10 时 35 分，818 次列车进入 4 道停车后，郝××又用电话与吴××联系，问“上行还有车吗”，吴××回答“上行有车”。但郝××未及时将二极管封连线卸下，恢复 1 号端子电缆线，而是坐在工具箱上与荣家湾工务工区巡道工彭××聊天。10 时 42 分，车站办理 324 次旅客列车Ⅱ道通过进路，控制台Ⅱ道上行进出站信号均显示绿灯，Ⅱ道通过进路显示白光带，12 号道岔显示定位（由于郝××的二极管封连线未卸下，甩开的 1 号端子线未接上，故 12 号道岔实际仍处于反位）。当郝××看到 324 次列车将要进站时，仍未将二极管卸下，恢复 1 号端子电缆线，也不采取拦停列车的措施，而是站在一旁躲车，直至 324 次与 818 次尾部发生冲突。

事故发生后，吴××在运转室给郝××打电话，问郝××“是不是你支了什么设备，自己去检查一下”。郝××接完电话，急忙回到 12 号道岔×B 箱处，将二极管封连线卸下，恢复 1 号端子电缆线，骑自行车离开现场。

四、结论

这起事故的直接原因是：长沙电务段荣家湾信号工区信号工郝××当日在 12 号道岔电缆盒整理配线作业时，瞒过车站值班员，将 12 号道岔×B 变压器箱内 1 号端子电缆线甩开，致使 12 号道岔在反位时不向定位转动；又擅自使用二极管封连线，将 1、3 号端子封连，造成 12 号道岔定位假表示，破坏了 12 号道岔与Ⅱ道通过信号的联锁关系。郝××在 818 次列车进站后及发现 324 次列车将要进站时，既不将二极管卸下，恢复 1 号端子电缆线，又不拦停列车，导致本应从Ⅱ道通过的 324 次旅客列车进入 4 道，与停在该道的 818 次旅客列车尾部相撞。

因此，这起事故的直接责任者是长沙电务段荣家湾信号工区信号工郝××。

五、事故性质

关于这起事故的性质，有两种意见。一种认为：这是一起生产过程中的破坏事故。另一种认为：这是一起违章作业造成的责任事故。

六、对责任人的处理建议

对在这起事故中构成犯罪的人员，建议由司法机关依法追究其刑事责任；对其他负有责任的有关人员，建议由监察部牵头，铁道部监察局配合按有关规定作出处理。

七、事故教训和建议

这起事故教训是沉痛的。事故的发生反映了荣家湾信号工区现场作业失控，信号联锁设备缺乏有效的监测手段，当设备遭受人为破坏时，不能得到有效的监测，同时，也暴露出长沙电务段管理不严，防范不力。

为吸取事故教训，建议采取以下措施：

1. 要从思想认识上牢固树立“安全第一”的观念

在当前铁路运输十分繁忙的情况下，更要正确处理好安全与效益的关系，切实解决好运输生产与设备维修的矛盾，加强安全管理，确保铁路运输安全。

2. 要从技术手段上采取防范措施

要加大科技含量，采用先进的冗余技术，提高信号联锁设备的可靠性。对联锁设备要实行微机监控，实现自动记录、自动报警，最大限度地提高设备的监控水平，防止人为因素造成的事故。

3. 要从强化管理上加强现场作业控制

对影响信号联锁设备正常使用的维修作业，应严格落实双人作业制度，加强岗位作业互控，车、电部门间的联控。严格维修作业的联系、要点、登记制度，加强日常维修和施工作业的检查指导，堵塞安全管理上的漏网，切实落实各项安全措施。

4. 要改革现行信号维修体制

为解决设备维修与运用的矛盾，要改革现行信号维修体制，改变现在利用行车间隔、零星要点的维修方法，信号设备必要的维修作业纳入月度运输计划或采用开“天窗”的维修方法进行。

5. 要加强安全重点部位的防范

以这次事故为教训，立即在全路范围内广泛深入地开展一场“反违章、防破坏、保安全、保畅通”活动，加强铁路治安保卫和安全重点部位的防范，严格关键工种的人员审查和把关，提高广大职工的政治敏锐性和警惕性，严防破坏，特别要警惕生产作业过程中的破坏。

二、对铁路行车特别重大事故报告的评析

上述事故报告书，对事故发生概况和事故发生经过、事故造成的人员伤亡和直接经济损失、现场勘察、鉴定及模拟试验情况以及事故直接原因都分析得非常清楚，文字语言组织也非常精练，内容适中，可以说这是一份很好的事故报告书。对于我们今后分析、研究事故，起草事故报告书都会起到很好的借鉴作用。

同时，通过此事故报告书，也看出管理工作上存在着非常严重的问题。例如，对

于这样重要的交通运输大动脉的维修作业，没有实行“双人作业制度”；在工程技术上不实行“冗余技术”等，这都是必须吸取的深刻教训！

此事故报告书存在的主要问题是：对于事故的性质认定方面没有直接（最后）定论。

任务三　铁路企业伤亡事故统计与事故统计报表

事故统计与事故报表工作是事故管理者的一项重要工作，是国家和各级人民政府衡量与掌握安全工作成效的重要标志，也是国家和各级安全生产监督管理部门掌握事故发生规律和事故发生动态的一种重要手段与方法。为及时准确地调查处理铁路交通事故，严肃追究事故责任，防止和减少铁路交通事故的发生，如实和按时进行事故统计与报表是一项非常严肃而又重要的工作。

一、事故统计的概念及作用

（一）事故统计的概念

为了加强安全生产和伤亡事故管理工作，事故统计技术也日益受到重视并迅速地发展起来。为了弄清事故统计的概念，首先应当明确统计的概念。

统计是一种从数量上认识事物的方法，是数理统计方法的通称。它主要用来收集、分析并说明有关数据。可以说，统计是在条件不定时进行决断的一门科学，是从数量方面去认识事物的一种科学方法。

事故统计，就是运用科学的统计分析方法，对大量的事故资料和数据进行加工、整理和分析，从中揭示出事故发生的某些必然规律，为防止事故发生指明方向。简而言之，事故统计就是统计学在事故问题中的应用，即关于事故数据资料的收集、整理、分析和推断的科学方法。

由于数理统计学比较复杂，在进行事故统计时，可以直接通过有关公式的运用去理解它的使用与思考方法。

伤亡事故统计报表是直接反映安全工作面貌和安全技术措施有效程度的综合报告，是国家规定的下级机关对上级机关的报告文件。我国政府十分关心广大职工在生产劳动中的安全与健康，极为重视工伤事故的发生情况。早在1956年，国务院就制定了《工人职员伤亡事故报告规程》。各部门据此制定了相应的管理措施，如最近国家安全生产监督管理总局制定了一系列的对事故的调查、登记、统计和报表，并要求认真遵照执行。

（二）事故统计的作用

事故统计工作是事故管理的一个重要组成部分，它对安全专业人员提高掌握和控制事故隐患的能力具有重要指导意义。它是安全工作的基础，是安全工作必要的业务建设。只有及时、准确地提供事故统计资料，如实反映企业的安全状态和伤亡事故情况，才能防止事故的发生，保障安全生产。

事故统计工作的主要作用如下：

（1）为各级领导和有关部门制订工作计划、指导生产和制定政策提供依据。

（2）便于比较各行各业的安全管理工作水平，考核各企业、单位的安全工作情况。

（3）便于与国外比较，以便取长补短，实现国家安全管理工作的科学化、规范化和进行安全生产。

（4）为安全教育、培训和教学工作提供科学的数据与资料。

（5）为科学研究指明方向和提供新课题。

运用或使用事故统计方法，还可以帮助安全工作者解决下列问题：

（1）把大量的资料概括为一种简单明了的表格，有利于解决问题和认识事故规律。

（2）确定分析样本数据结论的精确度，或通过抽样获得资料的置信度，从而确定保证达到要求精确度应收集或综合的资料数据。

（3）较全面和有意义地分析事故，为科学防范事故找出证据。

（4）计算某些事故发生的概率，以对某种环境中的不确定情况作出具有一定精确度的判断与方法。

（5）找出生产过程或系统中的事故原因及其相互关系，为改进工作或提高安全管理打下基础。

（6）为科学研究和改进工作（工艺流程、技术规程、安全操作和设备检修等）积累资料和数据。

总之，事故统计有两个方面的作用，一是对过去的事故资料进行整理、分析，称之为事故描述性统计；二是对已有的事故资料（样本）进行推理，进而推测总体，得出某种结论，称之为事故推理性统计。由于样本来自总体，它在一定程度上反映了总体的性质。但是，由于样本只是总体的一部分，因此它不能完全精确无误地反映总体的性质。在事故管理中，推理性统计更显得重要一些，因为它可以根据已掌握的有限事故资料（样本），去预测和控制事故的发生，或者建立事故预测模型，预测事故的发生和发展，以便采取措施进行防范。所以事故统计工作相当重要，这就要求事故管理者必须具有科学认真的工作态度和实事求是的工作精神。

二、事故统计的基本步骤和内容

（一）事故统计的基本步骤

事故统计工作一般分为三个步骤。

1. 事故资料搜集

事故资料搜集又称统计调查，是对大量零星的原始材料进行技术分组，它是整个事故统计工作的前提和基础。资料搜集是根据事故统计的任务或要求，制订调查方案，确定调查对象和单位，拟定调查项目和表格，并按照事故统计工作的性质，选定方法。我国的伤亡事故统计是一项经常性的统计工作，统计调查采用报告法，即下级按照国家制定的报表制度，逐级（按月和年）将伤亡事故统计报表上报。

2. 事故资料整理

资料整理又称统计汇总，是将搜集的事故资料进行审核、汇总，并根据事故统计的要求计算有关数值。汇总的关键是统计分组，就是按照一定的统计标志，将分组研究的对象划分为性质相同的组。如按事故类别、事故原因和事故时间等分组，然后按组进行统计计算。

3. 事故综合分析

综合分析是将汇总整理的资料及有关数值填入统计表或绘制统计图，使大量的零星资料系统化、条理化、科学化，是统计工作的结果。事故统计结果可以用统计指标、统计表、统计图等形式表达。

（二）事故统计的基本内容

伤亡事故统计的基本内容包括：

（1）统计一个地区、一个单位或部门在一定时期内的伤亡事故发生情况，从量的方面反映事故发生状况。

（2）计算伤亡事故的各种统计指标，从质的方面提供便于衡量和比较的数据。

（3）对伤亡事故数据进行综合分析，根据不同目的和任务进行分类和专门调查，研究事故的规律，提出减少和消除或防范事故的措施。

（4）编制伤亡事故统计报告、报表和绘制图表。

（5）依据事故统计的资料或数据，建立事故预测模型，找出事故发生规律，进行事故预测预防。

事故资料的统计调查、整理和综合分析，是事故统计工作中紧密联系着的三个阶段，是人们认识事故本质的一种重要方法。图 8-1 所示是一种常见的事故统计程序。

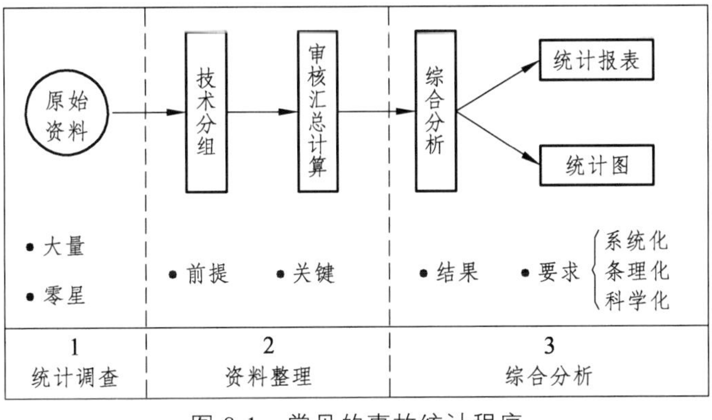

图 8-1　常见的事故统计程序

由图 8-1 可以看出，事故统计工作分为三个步骤，事故资料统计调查，即收集事故资料，将大量的零星的事故原始资料，根据事故统计研究的目的进行恰当的分组。事故资料整理是进行事故资料审核、汇总，并根据事故统计的目的和要求，计算出有关的数值。综合分析是将汇总、整理的事故资料及有关数据填入统计表或标上统计图，为寻找事故规律提出科学与依据。

（三）铁路交通事故统计调查

铁路交通事故调查报告应包括下列内容：

（1）事故概况。

（2）事故造成的人员伤亡和直接经济损失。

（3）事故发生的原因和事故性质。

（4）事故责任的认定以及对事故责任者的处理建议。

（5）事故防范和整改措施建议。

（6）与事故有关的证明材料。

（四）事故统计资料整理

1. 事故统计资料整理的基本方式

事故统计资料整理有以下基本工作方式：

（1）逐级汇总，是指自下而上逐级整理汇总本系统或本地区的事故统计调查资料。

（2）集中汇总，是指将全部调查资料集中到一个机关，通过一次汇总直接取得所需要的资料或结果。

（3）综合汇总，是指把逐级汇总和集中汇总结合起来进行的事故统计工作。

（4）会审汇编的资料汇总，是指在上级机关统一组织领导下，下级机关的统计人员按规定时间携带统计表及其他有关资料集中到上级机关，再分工合作，共同审核和汇总统计资料。

2. 事故统计资料汇总技术

常用的事故统计资料汇总技术有以下两种。

1）事故统计资料的检查方法

检查资料的准确性，可用逻辑检查法和计算检查法进行检查。逻辑检查法主要是看资料的内容是否合乎逻辑、指标之间是否有相互矛盾等；计算检查法主要是检查计算方法和结果有无差错，如发现逻辑错误或计算错误，应及时通知原单位复查、更正，并追究其原因。

除检查资料的准确性外，还应检查统计资料的及时性、全面性、真实性，资料份数、指标及表格是否齐全等。在此必须说明的是，统计资料的真实性相当重要，如果其调查资料失去了真实性，也就失去了统计资料的意义。所以，实事求是是安全工作的基础。

2）事故统计资料的汇总方法

统计资料有三种汇总方法，即手工汇总、机械汇总和电子计算机汇总。手工汇总和计算机汇总是目前我国使用的主要汇总方法，手工汇总包括划记法、过录法、折叠法和卡片法等，主要适用于基层工作。计算机汇总已普遍使用，但主要适用于机关和大型企业。

3. 事故统计分组

事故统计分组是指根据统计研究的任务和目的，按照一定的标志，将所研究的对象划分为若干性质相同的部分或组。它的主要任务如下：

（1）划分对象的类型。不同行业可有不同的分组方法。例如，在冶金企业职工伤亡事故原因分析综合月（年）报表中，将事故类别划分为 20 组，而有的行业将事故类别划分为 21 组。

（2）反映研究对象的内部结构。分组以后，分别计算出各组在全体中所占之比例，以反映研究对象的内部结构。例如安全管理人员熟悉的 1∶29∶300 海因里希法则，就是反映内部结构的示例。

在此需要指出的是，很多单位或行业统计出的事故资料，显示死亡人数大于重伤或轻伤人数，这反映出其实际工作非常不扎实。

（3）研究对象之间的依存关系。如工伤事故与工龄长短的关系、与季节的关系等。

正确选择分组标志，是保证统计分组科学性的前提。因此，应从最能反映事物本质特征的统计研究目的和任务出发，并考虑具体的历史条件来选择分组标志和确定分组数。如工种、级别、工龄、本工种工龄、受过何种安全教育等，就是从统计研究的目的和任务出发进行分组的。又如将伤亡事故按其伤害程度分为死亡、重伤、轻伤及重大人身险肇事故等四组，就比较能客观反映事物的本质特征。

组数的确定分两种情况，当按品质标志分组时，容易确定分组数；按数量标志分组时，组数的确定则比较困难，应根据具体分析对象，恰当地分组。

在一般的情况下，事故的重要统计分组有 5 种类型：

（1）按企业生产性质和任务分组（按行业分组）。

（2）按事故类别分组。

（3）按事故原因分组。

（4）按伤害部位、伤害种类和伤害程度分组。

（5）按事故的严重程度分组。

对一个地区、一个行业或一个企业多年来发生的事故实行分组调查统计，其各组最终统计的事故总数应该是相等的。然而，在实际的工作中却出现了不同的事故数据，应当认真查找原因，及时解决。

（五）统计综合分析的基本内容

1. 分配数列

分配数列是指将统计总体按某一标志分组，反映总体在各组中分配情况的统计数列，用其研究总体各单位及其总体的构成情况。分配数列可以分为品质数列和变量数列。变量数列又可分为单项式数列和组距数列。

2. 事故统计表

事故统计表是把事故统计调查所得的事故数字资料，经过汇总整理，按一定顺序填在一定的表格中，这种表格就叫事故统计表。简而言之，填有统计指标的表格就叫统计表。利用表中的绝对指标、相对指标和平均指标可以研究各种事故现象的规律、速度和比例关系，说明总体的综合特征，因而它是统计分析的重要工具。统计表的形式很多，有简单表、分组表、复合表等。在本书中，我们通过举例已经多次使用并给出了几种统计表（在此不再列举）。

3. 事故统计图

事故统计图是根据统计数字，用几何图形、事物的形象等绘制成的各种图形，是用点的位置、线的转向、面积的大小等来表达统计结果的一种形式。它形象直观、鲜明、生动、具体、通俗易懂，便于分析、比较。

统计图的种类很多，按形式可以分为几何图（如条形比较图、条形结构图、条形动态图、圆形面积比较图、圆形结构图、玫瑰图、动态曲线图、对数曲线图）、象形图（如人体图）、总平面图（如年龄金字塔图）等几大类。

三、事故统计指标和事故统计指标体系

（一）事故统计指标

在事故统计指标方面，最重要的统计指标有总量指标、相对指标或平均指标。

1. 总量指标

它是反映在一定历史条件下现象的规模或工作总量的统计指标，又称为统计绝对数。例如，某一地区或某一企业的职工人数，主要产品（如钢、铁、钢材、矿石）的总产量，伤亡事故的次数，工伤事故的死亡人数、重伤人数，休工日数等，这些统计数字就是反映总规模、总水平的总量指标。

总量指标在统计工作中有着特别重要的意义，是统计的基本数据。只有形成了完整的、准确的总量指标，才可能计算相对指标、平均指标及其他统计指标。

总量指标由指标名称和具有一定计量单位的数值构成。指标的计量单位要根据事物的性质和研究任务决定。正确确定指标的计量单位是计算总量指标的前提。总量指标的计量单位一般分为实物单位和货币单位两类。

（1）实物单位。它是根据事物的自然属性和物理属性采用的计量单位。

（2）货币单位。当计算各种产品或商品的总量时，由于它们的自然属性和使用价值不同，不能直接加总计算，因此，要按它们的社会属性用货币单位来计算。

总量指标的另一种计量单位是劳动量单位，即用劳动时间表示的计量单位。如在劳动统计中采用的工时、工日等。相应的劳动量指标可以相加。

不同行业在统计事故时，总量指标有着不同的内容。

总量指标的准确性取决于调查资料的可靠性和对调查资料的正确整理和运算。

2. 相对指标

两个有联系的总量指标之比，称为相对指标，也叫相对数。

运用相对指标，首先，可以体现现象之间的比例关系。例如某钢铁厂 1981 年的死亡事故中，车辆伤害占 19.6%，物体打击占 15.7%，机械伤害占 13.4%，高处坠落占 9.3%，其相互比例约为 5∶4∶3.5∶2.3。

其次，使不能直接对比的统计指标找出共同比较的基础。例如，各省之间的伤亡事故情况，由于工业规模、工业人口、企业性质等的不同，很难相互比较。采用相对指标，如千人负伤率、万吨钢（煤）死亡率等，则可以相互比较。

在一定情况下，相对指标比总量指标更能说明问题，给人以鲜明的印象。在企业中常用的相对指标有 5 种，即千人死亡率、千人负伤率、事故频率、事故严重率、按主要产品产量计算的死亡率（如百万吨产品产量计算的死亡率）。

3. 平均指标

这是反映事物一般水平的重要指标。它表明同质总体的某一标志在一定历史条件下的一般水平。如钢铁工业的伤亡事故水平，不能用鞍钢或宝钢某厂的事故数字表示，而必须将各个钢铁公司的事故死亡总数，除以各企业同期职工人数总和得出的平均数来衡量。也就是说，平均指标反映的是各企业同一时期同类现象某一标志的一般水平。

平均指标有多种，常用的有算术平均数、众数和中位数等。

（二）事故统计指标体系

在事故管理中经常提到的事故指标一般为事故绝对指标（总量指标）和事故相对指标。事故绝对指标，是指反映伤亡事故全面情况的绝对数值，如事故起数、死亡人数、重伤人数、轻伤人数、直接经济损失、损失工作日等。

事故相对指标，是指伤亡事故的两个相联系的绝对指标之比，表示事故的比例关系，如千人死亡率、千人重伤率、百万吨产品死亡率等。

我国的事故指标体系大致如图 8-2 所示。

为了能综合反映我国生产事故情况，国家安全生产监督管理总局成立后，围绕国家生产工作的总体思路和部署，结合我国经济发展和行业特点，借鉴国外先进的生产事故指标体系和分析方法，对统计指标体系进行了改革，提出了适应我国目前的生产事故统计指标体系。

铁路交通事故统计指标主要有：事故起数、死亡事故起数、死亡人数、受伤人数、直接经济损失、较大事故起数、较大事故死亡人数、重大事故起数、重大事故死亡人数、特别重大事故起数、特别重大事故死亡人数、百万机车总走行公里死亡率、较大事故率、重大事故率、特别重大事故率。

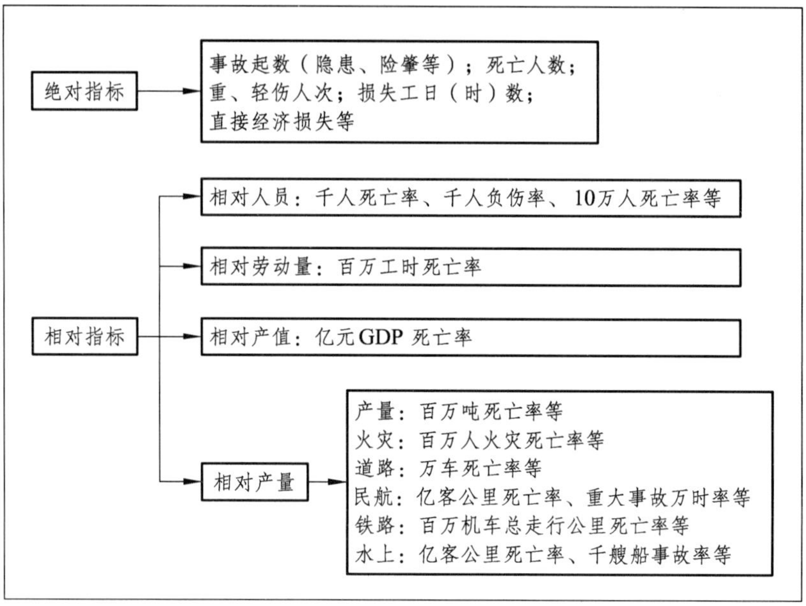

图 8-2　事故统计指标体系

四、我国主要生产事故统计指标与计算方法

1. 千人死亡率

在一定时期内，平均每千名从业人员，因伤亡事故造成的死亡人数。其计算公式为：

$$千人死亡率=\frac{死亡人数}{从业人员数}\times 1000$$

2. 千人重伤率

在一定时期内，平均每千名从业人员，因伤亡事故造成的重伤人数。其计算公式为：

$$千人重伤率=\frac{重伤人数}{从业人员数}\times 1000$$

3. 百万工时死亡率

在一定时期内，平均每百万工（工作小时）时，因事故造成死亡的人数。其计算公式为：

$$百万工时死亡率=\frac{死亡人数}{实际总工时}\times 1000000$$

4. 百万吨死亡率

在一定时期内，平均每百万吨产量（如生产煤、矿石、铁、钢和钢材等），因事故造成的死亡人数。其计算公式为：

$$百万吨死亡率=\frac{死亡人数}{实际产量（t）}\times 1000000$$

5. 较大事故率

在一定时期内，较大事故发生占总事故发生的比率。其计算公式为：

$$较大事故率=\frac{较大事故起数}{事故总起数}\times 100\%$$

6. 重大事故率

在一定时期内，重大事故发生占总事故发生的比率。其计算公式为：

$$重大事故率=\frac{重大事故起数}{事故总起数}\times 100\%$$

7. 特别重大事故率（简称特大事故率）

在一定时期内，特别重大事故发生占总事故发生的比率。其计算公式为：

$$特大事故率=\frac{特大事故起数}{事故总起数}\times 100\%$$

8. 百万人火灾事故发生率

在一定时期内，某地区、某城市或某行业、大型联合企业平均每一百万人中，火灾事故发生的次数。其计算公式为：

$$百万人火灾发生率=\frac{火灾事故发生起数}{该地区总人数}\times 1000000$$

9. 百万人火灾事故死亡率

在一定时期内，某地区、某城市或某行业、大型联合企业平均每一百万人中，因火灾事故造成的死亡人数。其计算公式为：

$$百万人火灾事故死亡率=\frac{火灾事故造成的死亡人数}{该地区总人数}\times 1000000$$

10. 万车事故死亡率

在一定时期内，平均每-万辆机动车辆中，造成的事故死亡人数。其计算公式为：

$$万车事故死亡率=\frac{机动车事故造成的死亡人数}{机动车辆数}\times 10000$$

11. 十万人死亡率

在一定时期内，某地区或某城市平均每 10 万人中，因事故造成的死亡人数。其计算公式为：

$$十万人死亡率=\frac{该地区事故死亡人数}{该地区总人数}\times 100000$$

12. 亿客公里死亡率

在客运过程中的一个时期内，衡量客运量事故率的一个指标。其计算公式为：

$$亿客公里死亡率=\frac{一个时期内事故死亡人数}{运营旅客人数\times 运营公里总数}\times 100000000$$

13. 千艘船事故率

在一定时期内，平均每千艘船发生事故的比例。其计算公式为：

$$千艘船事故率=\frac{事故船舶总艘数}{本地区（本单位）船舶总艘数}\times 1000$$

14. 百万机车总走行公里死亡率

在一定的时期内，百万机车总走行公里造成事故的死亡率，其计算公式为：

$$百万机车总走行公里死亡率=\frac{事故死亡人数}{机车总走行公里}\times 1000000$$

15. 飞机飞行重大事故万时率

在飞机飞行一万小时时，飞机飞行重大事故率。其计算公式为：

$$飞机飞行重大事故万时率=\frac{重大事故次数}{飞行总时间}\times 10000$$

16. 亿元国内生产总值（GDP）死亡率

在某一时期内或某一年度，国家或某地区平均每生产亿元国内生产总值时，造成的死亡人数。其计算公式为：

$$亿元国内生产总值（GDP）死亡率=\frac{死亡人数}{国内生产总值（元）}\times 100000000$$

以上公式的计算将在事故统计中经常用到，事故管理者应该熟记。

任务四　事故档案与管理

事故档案，是血写的记录，是告诫人们的警钟，是教训的记载。应引起有关部门和人们的足够重视。

一、事故档案及其作用

（一）事故档案的概念

事故档案是按照一定的归档制度和要求集中保管起来的事故文件材料，包括图纸、照片、报表、文字材料等。它是在事故调查处理过程中形成的专门档案，是生产实践和科学实验中的经验教训的凭据；是人们违反自然规律或客观（生产）规律的真实写照。从事故档案中可以找出各种生产事故的现象、发生规律以及预防对策等，是人们对事故的认识和总结，是最好、最生动和最现实的安全教育题材。

虽然事故档案和事故资料都反映事故情况，但事故档案并不等于事故资料。事故档案具有依据和凭证的作用，而事故资料不一定具有这种作用。因此，并不是所有的事故材料都要归档而转化为事故档案，只有那些具有保存价值并且按照归档制度和要求进行归档了的事故材料才算是事故档案。如果事故档案的概念不清，事故材料的归档范围不明，也就不能建立健全并做好事故档案工作。

（二）事故档案的内容

事故档案的内容，主要包括各类事故调查报告书，各类事故统计报表，事故图纸、照片，事故处理调查过程中形成的各类有价值的材料和证明，以及当时的各类生产数据表格、文件等。事故档案至少应涉及下列内容：

（1）职工伤亡事故登记表。

（2）职工死亡、重伤事故的调查报告书。

（3）事故现场调查记录、图纸、照片等。

（4）直接经济损失和间接经济损失的详细材料。

（5）有关技术鉴定和试验报告。

（6）有关人证、物证材料。

（7）事故责任者的自述材料。

（8）医疗部门对伤亡情况的诊断报告（法医鉴定）。

（9）受处分人员的检查报告和处分决定（文件）。

（10）出事故时的生产工艺条件、操作情况及设计资料。

（11）事故调查、分析会议的有关记录材料。

（12）有关事故通报、简报、文件等。

（13）企业和安全部门负责人以及档案经办人的签字或盖章。

（14）事故统计报表。

（三）事故档案的作用

对任何一个人或管理部门来说，都不可能经历或处理很多事故。但是有了事故档案，就能够使人们扩大事故知识的范围，掌握事故的发生规律，研究消除事故的具体措施。因此，事故档案的作用，按其性质来讲，可以概括为凭证和参考作用，主要体现在以下几个方面：

（1）是安全教育的生动教材。

（2）是安全立法和修订安全规程的重要依据。

（3）是积累事故管理经验、提高安全生产水平的一个有利的手段和先决条件。

（4）它与生产活动密切相关，能深刻地揭示劳动生产过程中的危险因素与管理缺陷，找出经验教训，制定防范措施，对生产、设计、科研、教学等工作均有指导作用。

（5）可以起到交流有关事故管理的经验作用，推动国家安全生产的发展。

（6）是警示后人和提高安全管理工作效能的最好证明或借鉴。对任何企业或单位来说，事故档案的积累都是一项十分重要的工作，没有事故管理资料的储备，也就无法进行事故研究和开展事故预防工作，所以类似的事故就会重复发生。

二、事故档案管理的基本工作

事故档案管理，是指按照事故档案工作的基本原则，科学地管好事故档案，为生产服务。其基本的工作任务是通过收集、整理、保管、鉴定、统计和提供利用等具体工作环节来完成的。下面简单阐述。

（一）事故档案的收集

事故档案工作的对象是事故档案，但事故档案并非由档案部门收集形成，而是由安全管理人员通过日常收集工作集中起来的。因此，收集工作是事故档案工作的起点，是一项重要的基础性工作。如果材料处于分散状态，事故档案机构就没有工作的物质对象。所以，只有做好收集工作，才能贯彻集中统一的管理原则，以利于实现其完整性和安全性。

将企业、部门和安全生产监督管理机构内部形成的、具有保存价值的事故文件、事故报表，事故调查处理报告等各类事故材料，按照归档制度和要求收集齐全，系统整理，分成基本的保管单位（套、卷、册、盒、袋等），这就是通常所说的归档。为了便于开展工作，应当建立必要的归档制度，以确定归档的范围、时间、份数、要求和归档的手续等。

1. 归档范围

这是保证事故档案完整，提高档案质量的关键。如果归档范围过宽，就会玉石不分，浪费人力、物力；如果范围过窄，又会破坏事故档案的完整性。为了确定归档范围，应当结合本单位及某事故的具体情况，将记述和反映事故情况的、有保存价值的事故文件材料予以归档。所谓保存价值，是指对本单位、其他单位和国家在今后安全工作中（安全管理、安全教育、安全研究和安全生产）的利用价值。

2. 归档时间

归档时间应根据事故文件材料的形成过程与特点，对每起事故文件材料做出具体规定。如果归档时间过长，有关材料容易散失、损坏。时间过急，又违反事故文件材料的形成规律，难以做到。在一般情况下，当事故发生后，一旦事故调查报告书得到批复，则应立即进行整理归档（轻伤事故和重大险肇事故，在安全管理部门登记、认证之后，就应该进行归档）。

3. 归档份数

归档份数要合理，过多会造成不必要的浪费，也不便于管理；过少则不能满足日常使用的需要。特别是使用频繁或价值较高的事故档案，如果只有一份，用坏、弄污后，不易甚至无法补救。所以，原始档案必须有备份。

4. 归档要求及手续

事故档案材料的整理工作是由安全技术管理部门负责承担完成的。凡是需要归档的事故材料，必须进行系统整理，装订成册，统一交给档案管理部门保存。

需要说明的是，为严肃档案管理，事故档案的编制移交目录应一式两份。移交时按目录清点落实，交接双方签字。

5. 档案材料的书写

档案材料的字迹、图形要清晰，纸质优良，不得用铅笔、圆珠笔、复写纸等书写。

在执行归档制度中，要针对新出现的情况和问题对制度进行补充和修改，使制度日臻完善。

（二）事故档案的整理

遵循事故档案的形成规律，保持事故材料之间的有机联系，将事故档案进行系统整理和编目，以便于保管和提供利用，这就是事故档案的整理。这项工作是事故档案业务建设的中心，是档案部门各项业务工作的基础。因此，做好档案整理工作，对于加强事故档案的管理并发挥其作用都具有重要意义。企业安全部门和政府安全生产监督管理机构应设专人管理与整理。

（三）事故档案的保管

要保护事故档案的完整性与安全性，并最大限度地延长其自然寿命，必须提供一定的条件。有人认为保管事故档案就是“一把钥匙和一把锁”，是保管一堆“死材料”，说明这些人还不了解事故档案管理工作的重要性。大量的事实已经证明，事故档案是用资金、鲜血和生命换来的宝贵财富，是做好安全技术工作的基础资料。只有做好事故档案的保管工作，防止档案损坏和遗失，才能最大限度地延长其使用寿命，保持其完整性和安全性，满足安全工作和公安机关的需要。

事故档案保管得好与坏，一是取决于保管条件、保管方法及有关人员的爱护程度及对事业的责任心；二是取决于档案制作材料（包括纸张、墨迹）的质量。目前，国家对档案的管理和保管工作已经有了明确规定，在此不再多述。

（四）事故档案的鉴定

事故档案必须经过严格挑选，即完成一系列的鉴定工作之后，才能入库。应当根据一定的原则和标准鉴别事故档案的科学、历史阶值，并据以确定不同的保存期。事故档案的鉴定是一项技术性、专业性很强的工作。

事故档案的鉴定应该遵循以下原则：

（1）必须认真执行鉴定工作的有关规定和原则。

（2）企业和安全管理部门必须纳入技术管理轨道，制订计划，提出要求。

（3）要全面地、发展地、历史地去分析研究每一份事故档案，做到存、毁合理。

对档案进行鉴定，通常采用直接鉴定法，即对每卷（或册、盒、套等）进行详细审查，具体分析，确定其价值及保管期限。经过鉴定准备销毁的事故档案可暂时封存一段时间，经复查确认无保存价值时再做处理，防止轻率从事，留下遗憾。

（五）事故档案的利用

将收集、整理、鉴定后的事故档案资料，根据需要编制成文摘、索引、目录簿或目录卡片等，以便查阅，并通过一定的方式和方法提供事故档案为生产服务。一个单位的事故档案工作做得好与坏，关键在于档案管理人员的素质和工作责任心。因此，应当重视对事故档案管理人员的挑选、培养、配备和提高。

充分利用事故档案中的事故案（实）例和血的教训，来警示人们有效地保护好自己，进行安全活动和生产，是最有说服力的一种教育方式。可以说，利用事故档案的安全教育是一种最经济的安全教育方式，这也是做好事故档案管理工作的重要内容。

项目小结

本项目关注铁路行车事故经过的记录，介绍了国家对事故调查报告书格式与内容的相关要求，以一起铁路行车特别重大事故的事故调查报告为例，进行评价并解释，最后强调事故档案管理工作的概念、内容、作用及重要性。本项目的知识体系结构如图 8-3 所示。

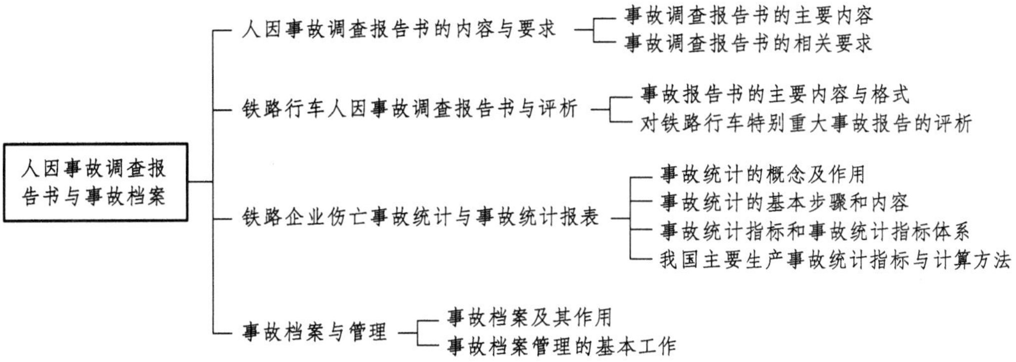

图 8-3 “人因事故调查报告书与事故档案”知识体系结构示意图

思考训练

利用网络资源，搜集一起铁路行车特别重大事故调查报告，体会其文字语言组织特点，同时基于非技术技能的轨道交通人因事故的四个方面，分析该事故。

下篇

实训篇

项目九 实 训

任务一 “7·23”甬温线特别重大铁路交通事故案例分析

人因事故案例的分析目的和任务是将所学的事故案例分析方法与实际案例相结合，进一步加深并运用学过的理论知识，训练人因事故案例分析技能。不仅能够督促我们在日常行车、管理等工作中，增强自我防范意识，更能从中吸取教训，查找不足，提高预防事故的能力，为以后工作安全顺利进行提供保障。

一、任务目标

（1）巩固和提高学生对已学人因事故案例分析基础知识的掌握。
（2）提高学生运用所学知识进行独立思考和对人因事故案例进行综合分析的能力。
（3）培养学生的职业素养，提高轨道交通类专业人才的培养质量。

二、任务描述

结合项目三至项目六中所学的人因事故分析方法，阅读“7·23”甬温线特别重大铁路交通事故案例事故经过，分别从信息沟通与交流、情景意识与决策、领导力、自我管理四个方面进行思考，找出事故案例中所涉及的人为原因，并从这四大方面中的一个角度出发，写出自己对于该事故案例的事故反思。

三、任务实施

（一）事故经过

1. 概况

2011 年 7 月 23 日 19 时 30 分左右，温州南站沿线铁路牵引供电接触网遭受雷击，造成轨道电路发码异常，导致温州南站计算机终端显示永嘉站至温州南站下行线三接近“红光带”。19 时 39 分，温州南站车站值班员看到“红光带”故障后，立即向上海铁路局调度所列车调度员汇报了“红光带”故障情况，并通知人员检查维修，同时汇报上级。19 时 51 分，D3115 次列车进入永嘉站。19 时 54 分，值班员发现调度所调度集中终端显示与现场实际状态不一致，并及时进行处理。

同时，上海铁路局调度员通知 D3115 次列车司机起动列车。因轨道电路发码和无线通信设备异常，D3115 次列车司机三次转为目视行车模式起车没有成功，并且前后两次呼叫均不成功。随后，D301 次列车进入轨道电路发生故障的 5829AG 轨道区段，在采取紧急制动无果后与以 D3115 次列车发生追尾，导致六节车厢脱轨，即 D301 次列车第 1 至 4 位，D3115 次列车第 15、16 位脱轨，造成 40 人死亡、172 人受伤，中断行车 32 小时 35 分钟，直接经济损失达 19 371.65 万元。

2. 事故原因

经调查认定，导致事故发生的原因是：北京通号集团所属通号设计院在 LKD2-T1 型列控中心设备研发过程中管理混乱，通号集团作为甬温线通信信号集成总承包商履行职责不力，致使为甬温线温州南站提供的 LKD2-T1 型列控中心设备存在严重设计缺陷和重大安全隐患。铁道部在 LKD2-T1 型列控中心设备招投标、技术审查、上道使用等方面违规操作、把关不严，致使其在温州南站上道使用。

当温州南站列控中心采集驱动单元采集电路电源回路中保险管 F2 遭受雷击熔断后，采集数据不再更新，错误地控制轨道电路发码及信号显示，使行车处于不安全状态。雷击也造成 5829AG 轨道电路发送器与列控中心通信故障，使从永嘉站出发驶向温州南站的 D3115 次列车超速防护系统自动制动，在 5829AG 区段内停车。

由于轨道电路发码异常，导致 D3115 次列车司机三次转为目视行车模式起车受阻，7 分 40 秒后才转为目视行车模式，以低于 20 km/h 的速度向温州南站缓慢行驶，未能及时驶出 5829 闭塞分区。因温州南站列控中心未能采集到前行 D3115 次列车在 5829AG 区段的占用状态信息，使温州南站列控中心管辖的 5829 闭塞分区及后续两个闭塞分区防护信号错误地显示绿灯，向 D301 次列车发送无车占用码，导致 D301 次列车驶向 D3115 次列车并发生追尾。上海铁路局有关作业人员安全意识不强，在设备故障发生后，未认真正确地履行职责，故障处置工作不得力，未能起到避免事故发生或减轻事故损失的作用。

（二）事故反思撰写要求

根据案例事故经过，从信息沟通与交流、情景意识与决策、领导力、自我管理四个方面进行思考，选定人因分析角度，写出对于该事故案例的事故反思。要求：条理清晰，语言流畅，文字表述简洁、明确、有概括性，事故分析角度明确，包括结论性意见，字数要求不少于 500 字。

四、任务评价

任务评价采取教师评价、小组互评相结合的方式。其中，教师评价占总成绩的 60%，小组互评占总成绩的 40%。

任务实施评价表

任务名称			
被评者		评价者	
项目	分值	评分标准	得分
工作态度 纪律素养	20 分	实训期间，及时完成指导教师布置的相关任务，态度积极、遵守纪律	
人因角度 选择合理	30 分	能够根据所给事故案例认真思考，正确选择人因角度进行分析	
考核成绩	50 分	1. 指导教师根据学生提交的实训任务作业质量酌情评定考核分数	
		2. 注意：学生的实习作业必须独立完成，否则成绩为不及格	
合计			

任务二　人因事故案例查找与分析

人因事故案例查找与分析要求学生同时具备文献检索、资料查询与人因事故案例分析技能。使学生不仅能够根据具体案例进行分析，而且能自主查找相关资料，根据铁路行车事故的性质不同，利用所学知识发掘事故案例中的人为因素，并在此基础上完成人为失误与主要原因的关联分析，最后进行原因分析并提出改进对策，能够提升相关职工的安全意识，提升责任感，减少铁路运行事故，维护社会稳定。

一、任务目标

（1）培养学生通过文献检索和资料查询解决实际问题的能力。

（2）掌握人因事故案例分析方法，加深对轨道交通领域事故案例中人因的理解。

（3）提升学生自我学习以及综合运用理论知识解决实际问题的能力。

二、任务描述

结合所学的人因事故分析方法，分别从信息沟通与交流、情景意识与决策、领导力、自我管理四个方面进行思考，通过互联网、相关书籍等渠道寻找近十五年内发生且与课本上所介绍案例不同的铁路、城轨行车事故案例，同学们自行分组，并根据实际分组情况完成案例分析任务。

三、任务实施

（一）步骤一：事故案例资料查找

1. 方式一：新闻网查

媒体报道案件或事件的传播影响力大，很容易在网络平台上报道、转载。可以通过以下几种方式在互联网络平台上查找媒体报道过的事件案例：

（1）登录政府官方网站，如中央政府门户网站等专门发布新闻的官方网站、客户端等去浏览该平台的相关动态信息。

（2）通过关键词检索的方式去百度搜索，通过输入所需事故调查报告或事件的关键词，查阅其结果信息。

2. 方式二：新闻类媒体公众号

可以通过关注一些轨道交通领域的新闻评析、解析类微信公众号、微博号、搜狐号等，通过查阅该类媒体公众号，查看有无所需的新闻信息。

3. 方式三：网络数据库

可通过校内的数据库资源进行文献检索，查找相关论文、著作等文献以及学校购买的各种中文、外文数据库，查找所需资料。

4. 方式四：图书馆

可通过校内图书馆查找相关书籍、资料等。

（二）步骤二：事故案例资料分析

用所学的分析方法对找到的事故案例进行分析，分析该事故发生的原因（可从人、物、环境、管理等几方面进行），判定其人因角度为哪一项或哪几项（信息沟通与交流、情景意识与决策、领导力、自我管理）。

（三）步骤三：事故案例分析撰写

根据同学们的实际分组情况，对照所找到的案例，完成人因事故案例分析任务，撰写以下内容：

（1）案例事故名称：____________________

（2）事故概况。描述事故发生的时间、地点、经过及结果等，300 字左右。

（3）事故原因。拓展事故概况内容，描述更进一步的细节原因，要求能够体现人因分析的四大方面（信息沟通交流、情景意识与决策、领导力、自我管理）中的一个角度，500 字左右。

（4）事故反思。从人因分析的四个方面中的一个角度进行分析，写出自己对于该事故案例的反思，500 字左右。

四、任务评价

任务评价采取教师评价、小组互评相结合的方式。其中，教师评价占总成绩的 60%，小组互评占总成绩的 40%。

任务实施评价表

<table>
<tr><td>任务名称</td><td colspan="4"></td></tr>
<tr><td>被评者</td><td></td><td>评价者</td><td colspan="2"></td></tr>
<tr><td>项目</td><td>分值</td><td colspan="2">评分标准</td><td>得分</td></tr>
<tr><td>工作态度
纪律素养</td><td>20 分</td><td colspan="2">实训期间，及时完成指导教师布置的相关任务，态度积极、遵守纪律</td><td></td></tr>
<tr><td>人因角度选择合理</td><td>30 分</td><td colspan="2">能够根据所给事故案例认真思考，正确选择人因角度进行分析</td><td></td></tr>
<tr><td rowspan="2">考核成绩</td><td rowspan="2">50 分</td><td colspan="2">1. 指导教师根据学生提交的实训任务作业质量酌情评定考核分数。其中，案例分析中各部分分值占比为：事故概况 10 分，事故原因 10 分，事故反思 30 分</td><td rowspan="2"></td></tr>
<tr><td colspan="2">2. 注意：学生的实习作业必须独立完成，否则成绩为不及格</td></tr>
<tr><td>合计</td><td colspan="4"></td></tr>
</table>

参考文献

[1] 黄志坚，袁周. 电力工程事故人因分析方法与案例[M]. 北京：中国电力出版社，2014.

[2] 道格拉斯 A. 维格曼，斯科特 A. 夏佩尔. 飞行事故人的事故分析——人的因素分析与分类系统[M]. 北京：中国民航出版社，2006.

[3] 董锡明. 轨道交通事故分析与预防[M]. 北京：中国铁道出版社，2016.

[4] 马子彦. 轨道交通运营事故案例分析[M]. 北京：北京交通大学出版社，2013.

[5] 交通运输部道路运输司. 国内外城市轨道交通事故案例评析[M]. 北京：人民交通出版社，2011.

[6] 连庆泉，上官王宁. 麻醉医生非技术性技能[M]. 上海：上海世界图书出版公司，2011.

[7] 术守喜，马文来. 人为因素与机组资源管理[M]. 北京：北京航空航天大学出版社，2015.

[8] 于殿宝. 事故管理与应急处置[M]. 北京：化学工业出版社，2008.

[9] 胡一秋. 轨道交通调度员工作负荷与工作绩效"耦合"关系模型研究[D]. 上海：上海工程技术大学，2021.

[10] 张文琳. 基于改进 CREAM 的城市轨道交通事故人因分析[D]. 兰州：兰州交通大学，2021.

[11] 贾万琛. 基于工作负荷与疲劳的地铁站务人员岗位配置及排班研究[D]. 北京：北京交通大学，2020.

[12] 王洁. 面向地铁突发事件的行车调度系统人误预测研究[D]. 北京：北京交通大学，2013.

[13] 陈东暖. 铁路行车系统人因事故分析及可靠性研究[D]. 沈阳：东北大学，2009.

[14] 白少鹏. 信息显示模式对全自动驾驶行调团队情景意识的影响[D]. 北京：北京交通大学，2016.